EL CISNE, LA ESPIGA Y LA CRUZ:
POESÍA RELIGIOSA DEL MODERNISMO HISPANOAMERICANO

editor
José María Martínez

MEDIO SIGLO

Colección: Calíope

ISBN 13: 978-0615845050
ISBN 10:0615845053

Primera edición: Octubre de 2013

Portada: Jonathan Martínez
Asistente editorial: Karen García Escorcia

www.librosmediosiglo.org
mediosigloeditorial@gmail.com

Ordering Information:
Quantity sales. Special discounts are available on quantity purchases by corporations, associations, and others. For details, contact the publisher at librosmediosiglo@gmail.com
(956) 577-3093
Harlingen, Texas
USA

Printed in the United States of America
Impreso en los Estados Unidos de América

ÍNDICE

INTRODUCCIÓN

*toutes les circonstances historiques et sociales
paraissent s'être rencontreés pour exaspérer
le besoin de cette envolée mystique, a la fin
d'un terrible siècle d'enquête positive
(Emile Zola: Les trois villes: Lourdes)*

*The Romantics and their offspring the
Symbolists (...) can be seen as having secularized
religion or, alternatively, as having sacralized
literature. What they didn't do was to separate the two
(Noël Valis: Sacred Realism)*

Las dos citas del encabezamiento resumen muy bien lo que busca la presente antología. Por un lado pretende recuperar aquellos poemas que mejor muestran la "envolée mystique" que distingue al Modernismo hispanoamericano del Realismo o Naturalismo decimonónicos. Por otro quiere también registrar la convivencia de este neomisticismo con el complejo proceso de secularización que se estaba llevando a cabo en todo Occidente, también en Hispanoamérica, y que iba a encontrar en la literatura uno de sus más elocuentes ámbitos de interacción. En este sentido es también una reivindicación del propio Modernismo, pues en las últimas décadas los estudios académicos al respecto han consistido sobre todo en lecturas que podríamos llamar políticas, culturales o sociológicas y han olvidado esta dimensión idealista que fue, quizá, en la que más insistieron tanto los propios modernistas como sus adversarios y detractores. Sin negar obviamente la licitud de tales enfoques, se trata de rescatar en la medida de lo posible lo que más probablemente fue la primera intención y la primera interpretación de autores y de lectores de la época, la de promover una literatura que se alejase de

9

los patrones inmediatamente anteriores y ahondase más en las inquietudes estéticas y en los interrogantes existenciales del ser humano y que la cultura del nuevo sistema sieconómico estaba dejando en un segundo plano.

Esta lectura tiene además la ventaja de compensar una de las limitaciones que me parecen más graves en esos enfoques que podemos llamar "horizontales", y que sería la consideración del poeta casi exclusivamente como un sujeto social o político, sin dimensión personal o individual propia, sin espacios interiores y sin ningún tipo de búsqueda trascendente, lo cual, hablando de poesía, puede casi considerarse como una contradicción *in terminis*. Es, así visto, un paso más en la todavía pendiente tarea de reconstruir la antropología del Modernismo. Para justificar mi lectura uno puede acudir al pensamiento personalista de E. Mounier, G. Marcel, E. Lévinas o, incluso al existencialismo de Kierkegaard, por insistir todos ellos en que la radicalidad de la persona hay que buscarla más en su relación con el absoluto que en su relación con la inmediatez (Burgos). Es lo que creo que también queda confirmado con la poesía religiosa o espiritualista del Modernismo. Todo esto no significa que los poemas aquí incluidos oculten la naturaleza social del poeta ni presenten una relación armónica o pacífica con la trascendencia. Pues por un lado esos poemas están llenos de referencias al discurso extrarreligioso del fin de siglo y, por otro, su espiritualismo es esencialmente conflictivo, que toma como uno de sus principales puntos de partida la idea de la "muerte de Dios" y el consiguiente sentimiento de orfandad, pero que a la vez se define por su oposición al materialismo más reductor. Aloja en su seno no una religiosidad monolítica sino un sincretismo lleno de fronteras móviles y permeables y que se encuentra en diálogo constante con un proceso

10

de secularización del que a la vez son críticos y partidarios.

Para esta recuperación me interesa recordar las advertencias de Terry Eagleton en *After Theory* y de Noël Valis en *Sacred Realism*. El primero, después de afirmar que lo religioso ha sido uno de los componentes más importantes de la cultura popular y que los estudios culturales han solido dejarlo de lado de forma injusta o incomprensible, asegura que así como el arte da cuerpo a cuestiones fundamentales a través del signo, del sonido, de la pintura, etc., la religión ha llevado eso mismo a la experiencia diaria a través de una amplia iconografía, de ciertas prácticas de piedad, de ciertos modelos de conducta y, sobre todo, mediante su configuración de la conciencia humana. Además, concluye, "it outlined the grandest narrative of all, known as eschatology" (99). Por su lado, Noël Valis ha constatado la estrecha correlación entre religión, literatura y modernidad en su trabajo sobre la novela española de los siglos XIX y XX. Así la religión formaría parte de la modernidad literaria no solo por aparecer como tema y referente operativo en esos relatos sino por ofrecer a las estrategias narrativas una serie de arquetipos, motivos y recursos retóricos propios de la modernidad, entre los que se encontrarían el leitmotiv de lo que Valis llama del *belief*. Éste correspondería a esa actitud de trascendencia que el lector debe aplicar al texto novelesco o religioso para asumir la consistencia real de un mundo distinto o análogo al suyo. Aquí me interesa insistir en este motivo pues aunque la poesía lírica –la más abundante en esta antología– no opera como la ficción novelesca y no crea mundos autónomos, cuando se mueve en la esfera de lo religioso lo que detalla, precisamente con una atención que no se da en la novela, son las múltiples variaciones y posibilidades de ese movimiento de trascendencia, de ese *belief* que

11

lleva a la voz poética al diálogo (o al intento de diálogo) con el mundo donde se ubica el absoluto o la nada, según los casos.

En cuanto al proceso de secularización que Occidente, éste se estaba experimentando desde el Renacimiento y la Ilustración y se había ido acelerando durante todo el siglo XIX, a causa de pensamientos como los de Comte, Marx o Nietzsche, de procesos como el desarrollo del mercantilismo capitalista, el crecimiento de las urbes modernas e industriales y del aumento de la presencia política del liberalismo aconfesional. Aunque los criterios para medir el grado de secularización social y el alcance real de esta siguen siendo asuntos de un debate bastante encendido, lo cierto es que la cosmovisión cristiana tradicional en la que habían crecido muchos de estos escritores estaba retrocediendo y dejando de ser un marco de referencia para las elecciones del vivir cotidiano. Sin embargo este proceso de reajuste no se dio sin la ausencia de conflictos personales, pues muchos modernistas en su juventud habían sido educados en un mundo presecularizado y habían también escrito poesía religiosa en la línea más tradicional del 'revival' católico y de la religiosidad popular que también caracterizaron ese siglo. En muchos casos, esa experiencia les había descubierto ya algunas respuestas existenciales y algunas relaciones con lo trascendente que la secularización y las nuevas cosmovisiones no iban ser capaces de sustituir. En otros casos esa inmersión en la religiosidad tradicional no fue tan intensa, pero, igualmente el idealismo y el espiritualismo común a todos ellos va a hacer que las categorías antropológicas de lo sagrado que esa secularización estaba dejando vacías acaben siendo ocupadas por otros contenidos, bien sean religiones nuevas, un cristianismo sincretista, doctrinas y filosofías ocultistas como el espiritismo o la teosofía, que pretenden reconciliar la ciencia y lo inmaterial, o la sacralización de actividades y experiencias profanas, como el arte o el erotismo.

El título elegido para la antología merece también una breve aclaración. Aunque la bibliografía acerca de la religiosidad finisecular va poco a poco equilibrándose, todavía siguen pesando bastante aquellos trabajos como los de Arturo Marasso, Octavio Paz, Raymond Skyrme o Cathy L. Jrade que insistían en la importancia cualitativa de las espiritualidades no tradicionales o divergentes del cristianismo. Ésta es una presencia que ni puede ni debe minusvalorarse, pues se trata de una de las líneas claves que une Modernismo y Romanticismo, de una de sus respuestas más evidentes al proceso de secularización y también uno de los componentes temáticos que mejor distingue la espiritualidad modernista de otras análogas. Sin embargo un recuento cuantitativo de los textos escritos por los modernistas sigue dando al cristianismo el porcentaje más alto y hasta cierto punto y con alguna importante excepción, produciendo la impresión de que ese cristianismo tradicional o su versión sincrética es la principal columna de la religiosidad modernista. Lo cual no implica que debamos reducir la significación de otras opciones, cualitativamente tan fecundas como ésta, y donde se incluirían, por ejemplo, el panteísmo de Enrique González Martínez, el budismo ocasional de Amado Nervo o el ateísmo/agnosticismo de Alfonsina Storni. Por todo esto el binomio del título no debe entenderse como una oposición sino como un par simbiótico; la espiga representaría toda la religiosidad y las espiritualidades que el esteticismo y el idealismo modernistas acabarían uniendo a la cruz del cristianismo, la cual, aunque en grado diferente al del pasado, seguía definiendo el contexto cultural y social de los modernistas.

Otra ligera aclaración es la referida al índice y a la organización de los poemas. Como puede notarse enseguida no se trata de una ordenación cronológica o por autores. Tanto lo uno como lo otro obstaculizarían lo que es el propósito principal de la antología, es decir, la presentación de la religiosidad modernista de la forma más orgánica y sistematizada posible. La opción cronológica daría la impresión de que pudiera haber habido una evolución lineal en la religiosidad de cada poeta o en la de todos ellos en conjunto, cuando lo más característico es que, con algunas excepciones, esas trayectorias se definan por movimientos de vaivén continuo, con dudas y afirmaciones presentes tanto al comienzo como al final de cada biografía. Por su lado, la ordenación por autores habría resultado en una antología demasiado atomizada y seguramente en una selección de desigual calidad literaria, pues también es cierto que en este subtema poético, como en todos, los modernistas no presentan ni una cantidad ni una intensidad de poemas uniforme. Acogiéndome a la afirmación de Alfonso Reyes de que todo antólogo es también un creador y que una antología ideal puede ser leída como si fuera un libro independiente, he preferido organizar los poemas acogiéndome también a aquellas palabras de Flannery O'Connor en las que afirmaba que toda gran narrativa contiene los grandes arquetipos discursivos religiosos, comenzando por la caída inicial, pasando por la esperanza mesiánica y la redención, y concluyendo con la redención y el momento de la parusía. Como muestra el índice, el Modernismo tampoco escapa a esos esquemas, y por ello mi organización de los poemas trata de recoger, sobre todo, esa trayectoria de fondo, que confiere a la narrativa religiosa modernista una identidad al mismo tiempo propia y universal. En cuanto a la selección y edición de los textos, he procurado seguir siempre las ediciones

14

prínceps o las más fiables de los mismos y he mantenido algunas de sus disposiciones tipográficas más características, como las mayúsculas iniciales de los versos, los signos de interrogación o exclamación al final de algunas frases, o su versificación en prosa, como ocurre con los dos poemas de Leopoldo Lugones procedentes de *Las montañas del oro*. Para facilitar su lectura he modernizado su ortografía y he corregido algunos errores tipográficos que me han parecido evidentes. Ahora me interesa comentar lo que es propio de cada uno de esos grupos de poemas.

La *"muerte de Dios"* y el ennui *existencial*

Comienzo la antología con la serie de composiciones dedicadas al tema de la "muerte de Dios" y al cansancio vital (el *ennui* o *spleen*) tan típico de la literatura finisecular. De nuevo, no hay que entenderlo como un principio cronológico sino como un cimiento organizativo o arquitectural de la cosmovisión religiosa modernista. Ambos motivos, la muerte de Dios y el *spleen*, van a aparecer y desaparecer como los ojos del Guadiana en el conjunto de su corpus poético. En algunos autores esa ausencia de Dios va a ser sustituida de forma más o menos permanente por afirmaciones fervorosas acerca de su existencia e incluso el arrepentimiento por haber dudado; en otros la ausencia se convertirá en algo continuo e irreparable, que puede ser reemplazado por otras alternativas trascendentes o considerado ya como un estado definitivo, llevando al poeta a un nihilismo existencial absoluto. Aunque la expresión "muerte de Dios" se popularizó a partir de su aparición en *La gaya ciencia* de Nietzsche (1882), en realidad fue acuñada por Hegel en su *Fenomenología del espíritu* (1808) y difundida en la literatura a través principalmente de algunos escritores

15

románticos en los que el Dios del cristianismo empezaba a desaparecer como tal o a confundirse con un absoluto impersonal o una naturaleza sublimada. El poema que da inicio a la serie (un fragmento de "De mis 'versos viejos'", de Gutiérrez Nájera, 1885) es uno de los textos modernistas más explícitos al respecto, y es en realidad una breve paráfrasis del "Discurso de Cristo muerto en lo alto del edificio del mundo. No hay Dios", de Jean Paul Richter (ca. 1790). Nájera lo había tratado ya en 1880, en su cuento "Los suicidios", lo que hace de él un interesante texto previo a la formulación de Nietzsche.

En cualquier caso, lo que interesa es notar que este motivo lo van a recoger también otros poemas modernistas, bien sea en este mismo estado inicial que lo presenta Nájera o en algunas de sus consecuencias existenciales o más propiamente literarias. Así, algunos lo materializarán a través del desnudamiento y vacío de espacios sagrados tradicionales, como el templo, el monasterio o los lararios del hogar; otros insistirán en el silencio de Dios ante las plegarias propias o ajenas o en la alteración del esquema de valores morales que antes se hallaban cimentados en la existencia de un Dios y Bien supremo. Para otros, de forma que recuerda a lo propuesto por Valis, se constituirá en un problema de identidad personal, pues ahora ésta pasa a oscilar entre la nada de vivir en un vacío absurdo y el superhombre que sustituye a Dios; y de la misma manera que en unos casos la figura del ateo es presentado como un personaje literario y novedoso y propio de la época, en otros la oposición creyente/ateo deja en realidad de ser operativa, pues no existiría un referente real sobre el que apoyar tal distinción. A su vez, la desaparición de este cimiento clave hace que muchos otros valores que en la sociedad presecularizada dependían o formaban un sistema cohesionado en torno a él, también empiecen a perder consistencia y a atomizarse o relativizarse, y así el vacío no va a ser sólo un vacío celeste sino también terreno.

El *ennui* o hastío vital, convertido en parte en un motivo literario a partir de la publicación de *Le spleen de París* de Baudelaire (1869), es un estado de ánimo a veces auténtico y a veces fingido como mera pose y vinculado a esa desorientación existencial. Principalmente está caracterizado por un invencible cansancio metafísico, una total carencia de ilusiones, una sensibilidad exacerbada y una actitud indolente y pasiva. No puede afirmarse que se trate de una reacción propiamente religiosa, aunque ese contexto sí aparezca en algunos de los poemas aquí seleccionados, pero sí resulta claro que está vinculado al proceso de secularización y de la nueva sensibilidad urbana vividos en las ciudades modernas, como bien muestra el título del libro de Baudelaire. El *ennui* en este sentido refleja muy bien ese sentimiento de frustración del escritor ante la ciudad y la vida moderna, que ha traído avances técnicos pero ha dejado sin solucionar otros interrogantes más profundos. Es entonces uno de los reacciones que según Calinescu hace que el modernismo cultural se separe críticamente del modernismo tecnológico. Es también uno de los componentes principales del sentimiento de decadencia y pesimismo que caracteriza la literatura finisecular, pesimismo que podemos radicar también en algunas facetas del Romanticismo de comienzos de siglo pero que luego habría sido reforzado por filosofías pesimistas como la de Schopenhauer. Entre los modernistas hispanoamericanos fue quizá Julián del Casal quien más a menudo poetizó este motivo, aunque, a mi juicio, no fue quien consiguió los poemas más logrados al respecto. De él se recoge aquí el titulado "Tristíssima nox", cuyo verso final, sin embargo, resume bien otras dos notas de ese *ennui*, el encuentro con el vacío existencial en el interior del alma, y la

17

experiencia del mismo como algo individual más que social o colectivo, pues ese vacío neutraliza también el interés por cualquier tipo de compromiso social o cualquier intento de buscar en esa colectividad las señas de identidad personales. Otros poetas insistirán en el *ennui* como estado de indecisión ante las opciones vitales, en el sentimiento de tristeza infinita e inacabable que lo define, en una tanatofilia que sólo puede cumplirse verdaderamente durante la plenitud de una vida joven, en su identificación con la muerte, ya presente en él, o en su calidad de descubrimiento inesperado de la verdadera condición humana, tras la lectura de libros reveladores o el encuentro con experiencias determinantes.

Si al *ennui* modernista se le puede acusar de libresco y de presentar una carga condición de pose y artificialidad, los poemas existenciales suenan, por el contrario, mucho más auténticos e intensos, y, generalizando, también mucho más trágicos que los de todo el Romanticismo hispánico. En este sentido puede afirmarse ese tono angustiado y agónico propio del existencialismo del siglo XX es con los modernistas con quienes que a la vez empieza su marcha y alcanza una de sus cotas más altas. De los poemas del *ennui* les separan también su tono filosófico y antropológico, por hacer extensibles esas interrogantes o esas reflexiones al conjunto social y trascender así la esfera propiamente individual. La explicación a esta ansiedad no parece difícil de identificar, pues ellos son de alguna manera la primera generación que experimenta que las grandes promesas del positivismo y de la vida moderna siguen sin responder a las interrogantes más radicales del ser humano, aquellas que siguen indagando en la esencia de éste, en su origen y destino, en el significado del dolor, en el paso del tiempo y en la posibilidad de una eternidad personal. En este grupo el poema inevitable es sin duda alguna "Lo fatal" de Rubén Darío, con su nostalgia de esa vida inconsciente que le libraría de la angustia de vivir con la incertidumbre de su origen y la certeza de la muerte. Otros poemas de la serie viven ese existencialismo renunciando trágicamente a la posibilidad de cualquier respuesta, dudando ante Dios de sus promesas de vida eterna, insistiendo en la fragmentación interna del yo, que impide afirmar cualquier tipo de identidad personal, o dudando incluso, al modo unamuniano, de la realidad de la propia existencia. No es por tanto inesperado que abunden también los poemas en los que el dolor se presenta como la sombra que acompaña al poeta por la vida, y que unas veces esas reflexiones informen de las estrategias de los poetas para superarlo o para acostumbrarse a su compañía. Lo que, en cualquier caso, no se concibe es una existencia al margen del dolor, una existencia para la que, de nuevo, no les habían preparado la filosofía positivista ni tampoco las nuevas espiritualidades, y que por ello les hace regresar a soluciones como el estoicismo o el redentorismo cristiano.

En todo este contexto, la condición agónica del Modernismo se da en una doble dirección. Por un lado tenemos esos poemas que exponen las luchas por volver a la fe de la infancia o que exponen su pérdida en tonos más bien nostálgicos y pesimistas. De todas formas esta actitud ha de verse con cierta cautela, pues los "poemas sobre la duda", al modo de las "Tristezas" del español Núñez de Arce, se convirtieron a finales del XIX en toda una epidemia, haciendo muy difícil distinguir los auténticos de los que respondían simplemente a la moda del momento. En los aquí seleccionados he procurado elegir los que creo que tienen mayor carga de sinceridad o un mayor color de individualidad, pero me temo que, a pesar de todo, no siempre va a ser posible determinar el alcance de pose artificial que puedan tener cada uno de ellos. Lo que en cualquier caso queda claro es que esa falta o esa búsqueda de fe se mueve en los parámetros cristianos, y que está revestida de unos tonos de radicalidad que impide considerar esta problemática como algo marginal a cada uno de esos autores. Así la fe se va a presentar en esos poemas como ayuda en el duro camino de la vida, como vaivén que produce momentos alternativos de depresión y euforia, como un escepticismo que al no poder afirmar a Dios con la creencia lo acaba afirmando con la caridad o con el amor, o como seña de identidad personal frente a una sociedad que está dejando de creer.

En este capítulo incluiríamos también aquellos poemas en que la lucha agónica no se da tanto en el ámbito de la creencia cuanto en el de lo moral o lo propiamente soteriológico. Este campo es el que muestra de forma más intensa la tensión entre el idealismo-espiritualismo que lleva a los poetas a desear una especie de pureza angelical y el materialismo que les sujeta a la tierra y a sus fragilidades y les revela su naturaleza caída o limitada, dependiendo de su mayor o menor nivel de fe religiosa. Así para unos (Darío, Nervo) esa lucha va a consistir muchas veces en saber vencer las tentaciones de la sensualidad que les impiden llevar la vida de los santos que toman como modelo, y para otros, como González Martínez, esa ascesis va a ser más bien una pelea por liberarse de todo aquello que impida a las facultades más altas de su espíritu desprenderse por completo de las imperfecciones que le impiden un conocimiento completo de la plenitud poética y su alojamiento en ese mundo. En cualquier caso ambos grupos implican una trayectoria ascética cuyo punto de llegada es el de una salvación y un estado de beatitud y paz finales alojadas en los espacios de la utopía definitiva, que puede o no coincidir con el cielo o la moral del cristianismo tradicional.

Oscilaciones y anclajes

En términos arquetípicos, el itinerario anterior puede resumirse como un movimiento de caída y búsqueda, es decir como el descubrimiento primero de una inesperada orfandad metafísica y las reacciones subsiguientes de aceptación o cuestionamiento, que no tienen por qué darse separadas ni en el mismo autor ni en una misma obra. Estas reacciones incluyen tanto una dolorosa resignación (*ennui*, ateísmo, existencialismo), como una búsqueda confiada en la posibilidad de remediar esa orfandad, bien planteando alternativas nuevas o tradicionales para ella o bien desmontando su falsedad. Así se va a arribar a lo que podríamos llamar la segunda etapa del proceso, que podemos considerar como puntos de llegada o anclaje. Entre las nuevas alternativas se incluirían sobre todo el conjunto de nuevas religiosidades y espiritualidades distintas al cristianismo tradicional que ocuparían el vacío dejado por éste, y que contarían con representantes como el panteísmo naturalista, la teosofía, el espiritismo, el budismo, la cábala, el pitagorismo, las doctrinas de Swendenborg, y un largo etcétera tan extenso como ecléctico. En este grupo deben mencionarse también aquellos poemas en que de una manera u otra se sacralizan experiencias el arte o el erotismo, que a lo largo de la historia se han leído bien como experiencias profanas o bien como experiencias religiosas o cuasi religiosas. Por su parte el cristianismo tradicional, casi siempre como catolicismo y en muchas ocasiones también con un claro grado de sincretismo, se concretaría en aquellos poemas que exponen el anclaje más o menos sincero o más o menos convencional en las

21

manifestaciones de religiosidad popular, en sus plegarias a la divinidad bíblica, en su admiración o veneración por los santos, en las numerosas recreaciones librescas que combinan la impasibilidad parnasiana con lo sinceramente vivencial y también, de forma singular, en los poemas de vinculación con la figura de Jesucristo.

Comenzando por las alternativas no tradicionales, el panteísmo naturalista es en algunos autores como Julio Herrera y Reissig o Enrique González Martínez, la solución preferida, aunque lo cierto es que prácticamente todos ellos la frecuentan en mayor o menor grado y algunos, como el caso de Amado Nervo en su poema "La Hermana Agua", llegan a cotas de primer orden en este sentido. La explicación a esta amplia acogida del panteísmo naturalista me parece relativamente fácil, pues por un lado el Romanticismo más espiritual había adjudicado a la naturaleza un valor simbólico y trascendente que, a la vez, se entendía en plena comunión con la subjetividad de cada artista y por ello esa Natura-naturans establecía casi de forma automática la comunión entre el yo y el absoluto, entre el yo, el espacio natural y el mundo trascendente. Por otro lado, y con la excepción de los momentos más decadentes o artificiales de estos poetas, la ciudad se ofrece como un espacio distópico, por entenderse como el compendio de muchas de las frustraciones o espejismos de la modernidad; como compensación, la Naturaleza se convierte en un espacio acogedor y maternal, de retorno a la paz uterina. Todo este peculiar misticismo hace que en esos poemas los espacios naturales se conviertan en templos, los poetas en peregrinos y sus relaciones mutuas en plegarias o en comuniones extáticas. Tengo que decir que éste ha sido uno de los grupos con una mayor cantidad de textos representativos y que a la hora de seleccionarlos y

22

aparte de su intensidad literaria, me he decidido por aquéllos en los que han sido más explícitas o numerosas las menciones o alusiones al ámbito de lo místico o lo propiamente religioso.

Un segundo grupo lo podría conformar lo que aquí llamo el sincretismo religioso, que incluiría manifestaciones como el neopaganismo, el budismo, el pitagorismo, los diversos ocultismos, el espiritismo, el orfismo, etc.; es decir, todo el conjunto de religiones, religiosidades y espiritualidades antiguas y modernas que ya se habían empezado a recuperar con el Romanticismo pero que se retomaron con especial fuerza durante el fin de siglo. Aunque en muchos de esos poemas es una de esas corrientes la que predomina con más claridad, lo más frecuente es que las fronteras entre ellas no sean siempre fáciles de delimitar, y más si tenemos en cuenta que están siendo asimiladas simultánea y casi acríticamente por autores procedentes de una tradición religiosa diferente a la que, en general, nunca renuncian de forma definitiva. Todas ellas también se entienden más en su valor soteriológico que en su dimensión propiamente teórica o filosófica, que muy pocas veces llega a estar formulada. Por soteriológico entiendo aquí su valor de respuesta a lo que muchos modernistas ven como problema principal en ese momento. Por un lado la realidad de un mundo inarmónico y fragmentado, que ha perdido la unidad inicial y en el que sólo se puede vivir en un estado de tensión interna a no ser que alguna creencia explique cómo recuperar esa unidad perdida. Entender en qué consiste la identidad subjetiva y el destino en la eternidad son también interrogantes a los que por ejemplo responden el pitagorismo a través del orden, la música y la doctrina de la metempsicosis, la teosofía a través del gnosticismo, el espiritismo a través de la comprobación científica de la existencia del más allá, o el budismo con su doctrina de la iluminación y su ascesis de distensión y fusión con el absoluto.

Un subgrupo especial lo forman aquí los poemas "neopaganos", que pueden verse como una herencia estética del parnasianismo francés pero también como un eco del vitalismo instintivo de Nietzsche, con su reivindicación del espíritu dionisiaco frente al apolíneo y su crítica de lo que él entendía como negativismo cristiano. Dependiendo de los casos, los modernistas van a seguir más o menos de cerca, y alternando de nuevo autenticidad y pose literaria, esas propuestas del pensador alemán, bastante asimiladas en González Martínez, convertidas en pose ocasional en el caso de Amado Nervo y vistas con recelo y distancia por parte de Rubén Darío o José Martí. Los poemas más antologados de esta sección son, sin duda alguna, "Aeternum Vale", de Ricardo Jaimes Freyre, y el "Coloquio de los Centauros", de Rubén Darío, que, aparte de su neopaganismo estético, es una síntesis de casi todas esas heterogéneas doctrinas y creencias que convivieron en el fin de siglo. Como caso singular debe recordarse también el budismo de Amado Nervo, que puede considerarse recurrente en una parte relativamente amplia de su producción literaria y que le llevó a vertebrar todo un libro (*El estanque de los lotos*, 1915), pero que al mismo tiempo da la impresión de ser más un intento de asimilar una espiritualidad que se siente foránea que de haber conseguido realmente integrarla y asimilarla como permanente componente vital.

En diversas tradiciones religiosas y filosóficas (y también en el cristianismo, cuando se liga al matrimonio), el encuentro erótico ha sido visto como una experiencia religiosa o cuasi religiosa, por llevar a cabo una unión o armonización de contrarios, por restaurar así la armonía original y también por ser la forma en que a través de la generación de una nueva vida la especie humana es capaz de vencer a la muerte. Como ocurría con la naturaleza en los poemas panteístas es lógico que ahora esos encuentros se alojen en espacios sacralizados o que el acto mismo se revista también de un ropaje litúrgico que queda ya evidente en nota ya en los mismos títulos ("Ite missa est", "Misa negra", "El rosario de Eros"). Los frecuentes poemas en que esas uniones las protagonizan humanos y seres divinos o mitológicos son otra forma de conferir estatus religioso a todo ello. Parte de la crítica ha tendido a ver estas representaciones como actos de una sexualidad subversiva del Modernismo, a su deseo de *épater le bourgeois*, pero en el contexto que ahora nos interesa creo que merece la pena fijarse más en los movimientos de sublimación que contienen esos poemas, y que ubican la experiencia erótica en esferas distintas a las de la vida cotidiana, como algo que al igual que el arte o la literatura tampoco debe ser contaminado por el pragmatismo o el utilitarismo burgués. Es ésta una formulación a la que, por ejemplo, nunca llegaron las novelas naturalistas. Igualmente destacable es que esos poemas aparezcan por primera vez en boca de mujeres (Agustini, Ibarbourou, Storni) que unas veces van a ser simplemente el eco o el reverso de la voz masculina, pero que en otras, por su novedad, se convierten en poemas realmente primigenios. Estos poemas pueden considerarse también transgresores y subversivos si se quiere, pero son igualmente sublimadores de una experiencia en que la voz femenina nunca, hasta hora, había sido la propietaria.

Los poemas en que lo religioso se presenta bajo la óptica de los decadente se explican en parte por el a-moralismo nacido tras la "muerte de Dios" y la prioridad que en esta situación va adquiriendo el esteticismo, donde se descartan las experiencias o emociones conseguidas al margen de una referencia distinta al arte mismo. Esto deja el campo abierto para nuevas exploraciones, y la unión de religión, amor/erotismo y muerte-dolor van a ser algunas de las más recurridas y también de las más controvertidas, por presentar esa correlación jerarquizada de forma diferente a la ordenación tradicional. Muchos de estos poemas van, por ejemplo, a recurrir a la imaginería religiosa para poetizar el nihilismo del *ennui*, a narrar la experiencia del pecado como algo estéticamente pertinente o a emplear las fórmulas retóricas de la plegaria para formular peticiones que cuando menos no encajan en la moral tradicional. Son también, como los poemas eróticos, un tipo de poemas nuevos e inexistentes hasta ahora en la literatura hispánica, propios pues de la modernidad del Modernismo y por ello, como en los casos señalados por Valis para el Realismo, una prueba de que los paradigmas religiosos son en sí mismos o en sus inversiones tan propios de la modernidad como los paradigmas de la secularización: se autoimplican de forma necesaria e inevitable.

Los agrupados bajo la etiqueta del esteticismo pertenecen quizá al grupo de poemas más característicos del Modernismo, por formular su torremarfilismo o su doctrina del arte por el arte. Al absolutizarse el arte y ocupar el lugar que antes ocupaba la religión, nacen una serie de paralelismos léxicos o retóricos que tienen una amplia recurrencia: la Belleza es el nuevo dios o la nueva diosa; el poeta es un profeta mesías o mártir; la tarea de escribir es una forma de redención personal y social, etc. El hecho de que sea también uno de los tipos de poemas frecuentados por casi todos los poetas es además una prueba material de su centralidad en la ideología modernista. Aunque en esta antología he seleccionado sólo los que he considerado más intensos u originales, son muchos y escritos por prácticamente todos los poetas consultados los que han debido quedarse fuera. Me parece también que es el grupo de poemas que, a pesar de ser relativamente tópicos, no dejan a la vez de ser realmente auténticos y pienso que en ellos la artificialidad de la pose se da en un grado bastante menor que en otros o puede explicarse sencillamente por su ascendiente parnasiano. Y es que, de nuevo, todos estos poetas realmente tienen en ese idealismo estético una de sus prioridades vitales. Los matices que recogen los poemas aquí seleccionados son diversos: el encuentro con la diosa Belleza, su veneración o adoración, la profesión del credo esteticista, la identidad del poeta como profeta o mártir, los himnos o plegarias a la diosa, la representación de momentos de clímax estético consagrados por la historia cultural, etc.

El segundo grupo de anclajes lo constituirían los poemas arraigados en el cristianismo tradicional, o aquellos en los que este puede considerarse el dominante, en medio de un sincretismo religioso más o menos evidente. Un primer apartado son los que adaptando el título de un poema de Rubén Darío he llamado "Recreaciones bíblicas" que, como el poema dariano, se explican en parte por la moda parnasiana de recrear en clave descriptiva y estetizante aquellos momentos consagrados por la cultura occidental. En ese grupo además aparece un motivo muy abundante en toda la literatura del fin de siglo, como es el de la mujer fatal, que en clave bíblica se concreta sobre todo en la historia de Salomé y Juan el Bautista, aunque algunos autores también echan mano de los episodios de Judith y Holofernes y de Sansón y Dalila. Junto a estas versiones más parnasianas son menos frecuentes, pero no menos interesantes, aquellas con un contenido más personal, en las que el poeta convierte la historia bíblica en la metáfora de una experiencia o inquietud personal, dando lugar a poemas que me parecen de gran calado religioso y por ello de entre los más interesantes de la antología. Junto a toda esta serie, he incluido aquellas composiciones que recogen algún aspecto de la religiosidad popular. Aunque podría haberlos incluido junto a los dedicados a los santos y demás personajes análogos, he preferido agruparlos aquí porque me parece que junto a esas "recreaciones bíblicas" muestran muy bien la resistencia de lo religioso hecho cultura ("alta" o "baja") a los embates de la secularización. Si los primeros confirman en la modernidad aquello que afirmó Northrop Frye de que la Biblia era el "great code" de la cultura occidental, los segundos confirman lo repetido por algunos teóricos de la secularización, es decir que ésta, aunque real y constatable, es un fenómeno heterogéneo y heterotópico, y más personal que propiamente colectivo.

En general, el apartado sobre santos y pecadores trata lo religioso como algo pintoresco o como algo externo al autor, aunque algunos de esos poemas, quizá los mejores, dejan también implícita la admiración de autor por las virtudes de esos personajes o el interés por esa existencias en las que a veces y al modo decadente se combinan el bien y el mal en unos espacios sin fronteras muy definidas. De forma análoga a algunos poemas del apartado anterior, éste se refiere a algunos personajes no bíblicos, aunque pertenecientes al santoral cristiano, o también a figuras religiosas de paisajes más cotidianos y más insertos en la religiosidad popular. En general son poemas muy personales y poco codificados, y por ello hablan mucho de la personalidad o los intereses de cada autor, bien sea, por ejemplo, de la importancia que para Rubén Darío merecen las virtudes de la caridad y la inocencia, la atracción que Amado Nervo siente por las figuras del misticismo hispánico o la intención de Julio Herrera y Reissig por completar con este tipo de figuras el paisaje bucólico del mundo rural. Así, en varios de ellos no resulta difícil entender el poema o el personaje retratado como un desdoblamiento real o deseado del poeta, y por ello confirmar de nuevo la capacidad operativa de lo religioso a la hora de definir la identidad de sujeto moderno.

Otro punto de llegada análogo me lo han parecido los poemas-oraciones, o poemas-plegarias, en los que el poeta ha dejado de lado sus dudas metafísicas o superado, al menos momentáneamente, la crisis de la "muerte de Dios" y recurre a la retórica tradicional o la propia fe personal. En ellos, la voz poética interpela a Dios o le pide normalmente en un tono angustiado, unas gracias que a veces coinciden con las peticiones de la religiosidad tradicional pero que muchas otras son más bien peticiones de índole propiamente personal y de temática generalmente existencial e, incluso, a veces, más propias del espíritu decadente. En cualquier caso me parecen en general poemas intensos y sinceros, con poca artificialidad, y exponentes del cristianismo de fondo al que por tradición cultural o convicción propia pertenecen estos escritores. De nuevo, es un grupo de poemas muy revelador de la faceta personalista del Modernismo, es decir, un grupo de poemas, en que los aspectos políticos o culturales no aparecen como prioritarios, aunque en algún caso puedan ser y de hecho sean subyacentes. El poeta se vuelve a mostrar más bien como un ser solitario y frente a frente con la divinidad, en relación y en una conversación inmediata que en poco se diferenciaría de las plegarias de poetas más explícitamente religiosos o incluso de los místicos. Hasta cierto punto esta serie sirve para cerrar el itinerario abierto al comienzo, con esa ausencia de Dios que era una de las causas del *ennui* y del tono trágico de los poemas existenciales. Con estas plegarias no ha desaparecido lo trágico, pero para ellos el universo ahora no está completamente deshabitado, el sentimiento de orfandad es al menos mucho menor y la esperanza metafísica ha podido ser al menos parcialmente recuperada.

Por su trascendencia y singularidad he separado en esta sección los poemas-llegada en los que Jesucristo es la figura principal de referencia, bien sea como modelo de conducta o como interlocutor del poeta. Como mostró el trabajo clásico de H. Hinterhäuser, por razones como el sentimiento milenarista, la aparición de filosofías utópicas y redentoras, la popularidad y las polémicas teológicas en torno al Jesús histórico o la pervivencia del modelo del héroe romántico, estas décadas son un campo especialmente fértil para una formulación literaria variada y poliédrica de la figura del Nazareno. Para el esteticismo modernista, además, Cristo es una especie de alter-ego del poeta finisecular, pues, como él, tiene una misión divina y redentora que cumplir y que debe pasar ineludiblemente por un calvario personal, que debe llevarse a cabo en un mundo con una moralidad estética farisaica e hipócrita y con un mensaje sublime en sí mismo pero que en un principio solo va a ser aceptado por una selecta minoría. Junto a esto, para muchos modernistas, Jesucristo es también la figura tradicional del salvador, en lo temporal, por suavizar las tensiones personales a través de la oración, y, en lo eterno, por su promesa de la resurrección y por su calidad de Juez universal y definitivo.

Apocalipsis y parusías

Cierro la antología con una serie de poemas dedicado al sentimiento apocalíptico y al consecuente motivos de la parusía o regeneración universal. No está de menos recordar que ambos asuntos, junto al de la mujer fatal y al de la figura de Jesucristo, son los motivos bíblicos más recurridos por los modernistas. Además de los poemas aquí recogidos y otros más, cabe recordar los cuentos "La lluvia de fuego", de Leopoldo Lugones, "Cuento de Pascuas", de Darío, "La última guerra", de Nervo, o crónicas como "El terremoto de Charleston", de José Martí. Además de la empatía que el decadentismo modernista puedo tener por motivos propiamente literarios como el fin de una época y el advenimiento de otra, los habituales desastres naturales que con los nuevos medios de comunicación se sentían más próximos e intensos y algunos acontecimientos bélicos y políticos como la guerra ruso-japonesa, la Primera Guerra Mundial o el crecimiento imparable del imperialismo estadounidense y la consiguiente marginación del mundo hispánico, no pudieron menos que ocasionar en estos poetas la visión de estar asistiendo a una crisis de alcance universal y omniabarcante. Si a ello unimos todos los agitados cambios sociales y de mentalidad que Martí sintetizó en su prólogo al "Poema del Niágara", lo más esperable es también que los poetas recurran a otro de los motivos ya consagrados por la historia cultural y formulado en uno de los libros mejor conocidos y más admirados por ellos, para culminar así su visión de la época y afincar en él sus anhelos de esperanza. Es también otro de los grupos de poemas donde la opción religiosa individual vuelve a verse operativa, pues mientras algunos de ellos poetizan el apocalipsis sin su regeneración consiguiente (Alfonsina Storni) o hacen una lectura decadentista del motivo bíblico (Herrera y Reissig), otros como Rubén Darío o Amado Nervo siguen los parámetros cristianos mucho más de cerca y proponen una solución final esperanzada. De nuevo, un motivo que muestra la irreductibilidad del Modernismo a paradigmas

31

monolíticos y que esa individualidad de la opción religiosa no es fácilmente explicable desde enfoques colectivistas u "horizontales". Que tanto unos poetas como otros consiguieran llevarlo a cabo en textos igualmente intensos vuelve a hablar de la hondura de esa experiencia y de su relación con la radicalidad de la identidad personal.

Con todo esto, y como Noël Valis propuso para el caso del Realismo peninsular, me parece que Modernismo y religión, modernidad y religión aparecen tan imbricados en la literatura del *fin de siècle* hispanoamericano que, igualmente, sólo pueden entenderse de forma cabal si se les considera en su mutua correlación. Si el Modernismo es la literatura de la primera modernidad hispanoamericana, está claro que esa modernidad ha sido textualizada a través de una amplia gama de recursos retóricos e imaginativos procedentes de la esfera religiosa, y que sin estos no habría sido posible o, al menos, hubiera resultado muy diferente en su configuración final. Esto no significa que nos encontremos ante un producto literario catequético o moralizante sino sobre todo ante una lírica religiosa personal y caleidoscópica, tan fragmentada como lo es el sujeto moderno, pero también tan espiritual como lo permite la naturaleza trascendente de la persona del poeta.

Aunque el esquema organizativo de la antología es responsabilidad propia, creo no haber traicionado la trayectoria religiosa general de los modernistas, trayectoria que además coincidiría con la personal de los autores más religiosos del grupo, como pudieron ser Rubén Darío y Amado Nervo. Es una trayectoria que puede calificarse de todo menos de lineal o eufórica (en el sentido que le da Greimas a este término) y en la que dominan con mucho los tonos trágicos y desperanzados. Creo que todos los modernistas, sin excepción, acabaron despertando en una sociedad y en una cultura en estado de crisis, donde la ciencia, la filosofía y muchas costumbres sociales estaban afirmando la muerte del Dios y de la religión que les había acompañado en sus primeros años. Esta orfandad es aceptada por algunos de ellos de forma definitiva, mientras otros entran en un incómodo forcejeo a la hora de hacerla suya o de asimilarla, dibujando un movimiento de vaivén, de rechazos y de reconciliaciones, y de alejamientos y regresos. Estas tensiones se explican por un lado por su inserción en una modernidad cada vez más secularizada y porque su idealismo estético coincide en demasiados puntos con la formulación literaria y estética de lo religioso, en su modernidad o en su tradición.

En el conjunto modernista esas reacciones a la orfandad dibujan un amplio y sincrético panorama de respuestas, que abarcan desde religiones fijadas, como el cristianismo o el budismo, hasta otras religiosidades y espiritualidades mucho más difusas y permeables. Prácticamente no hay modernista que no se sienta atraído de forma intensa y sincera por alguna de estas corrientes en algún momento de su vida, pero en pocos de ellos puede identificarse la profesión homogénea de una de ellas y sea el sincretismo religioso, con muchas variantes personales, lo que pueda identificarse como lo más común a todos ellos.

Aunque muchos estudios al respecto han tendido a resaltar el componente esotérico y heterodoxo de ese sincretismo un recuento cuantitativo de su poesía religiosa me lleva a pensar que es el cristianismo la corriente dominante en ese conjunto. Pero es a la vez un cristianismo en su versión existencial o estética, y no en su versión doctrinal o teológica. A los modernistas el cristianismo les interesa no tanto por sus elaboraciones intelectuales o dogmáticas cuanto por la belleza desinteresada de su liturgia o por la calidad de sus respuestas a los interrogantes generados tras la consciencia de su orfandad metafísica. En él además encuentran unas formulaciones culturales (la mujer fatal, el apocalipsis, la víctima redentora, etc.) que se van a ajustar perfectamente a esa cosmovisión suya que combina crisis y esperanza. Con él además van a poder encontrar un interlocutor personal que a menudo y a pesar de encontrarse "entre la niebla", como decía Antonio Machado, también va servirles para confirmar que su orfandad ha podido ser sólo pasajera. En las demás religiosidades se encuentran con una divinidad que es mucho menos personal pero que igualmente les permite recomponer su *religación* ("religio" en latín) con el todo, que al final es lo propio de su idealismo estético y del idealismo en general, la única filosofía capaz de formular utopías y absolutos.

Obras citadas

Burgos, Juan Manuel. *Antropología, una guía para la existencia*. Madrid: Palabra, 2003.

Calinescu, Matei. *Cinco caras de la modernidad*. Madrid: Tecnos, 1991.

Eagleton, Terry. *After Theory*. Nueva York: Basic Books, 2003.

Frye, Northrop. (1982), *The Great Code. The Bible and Literature*, San Diego, Harcourt.

Greimas, Algirdas Julius. *Sémiotique et Sciences Sociales*. París. Seuil, 1976.

Hinterhäuser, Hans. *Fin de siglo. Figuras y mitos*. Madrid: Taurus, 1980.

Jrade, Cathy Login. *Rubén Darío and the Romantic Search for Unity: The Modernist Recourse to Esoteric*

Tradition. Austin: University of Texas Press, 1983.

Marasso, Arturo. *Rubén Darío y su creación poética*. Buenos Aires: Universidad de la Plata, 1934.

Martínez, José M. "La Biblia como intertexto en el Modernismo hispanoamericano". Eds. Geneviève Fabry y Daniel Attala. *La Biblia en la literatura hispanoamericana*. Ed. Trotta. En prensa.

O'Connor, Flannery. *Mystery and Manners: Occasional Prose*. Eds. Sally and Robert Fitzgerald. Nueva York. Farrar, Straus & Giroux, 1969.

Paz, Octavio. *Cuadrivio*. México: Joaquín Mortiz, 1965.

Reyes, Alfonso. *La experiencia literaria*. Buenos Aires: Losada, 1952.

Skyrme, Raymond. *Rubén Darío and the Pythagorean Tradition*. Gainesville: University Press of Florida, 1975.

Valis, Noël: *Sacred Realism. Religion and the Imagination in Modern Spanish Narrative*, New Haven: Yale University Press, 2010

LA ORFANDAD METAFÍSICA Y EL
CANSANCIO VITAL

LA MUERTE DE DIOS

DE MIS " VERSOS VIEJOS" (Fragmento)

Manuel Gutiérrez Nájera

A Richter-Salvator Rosa

> *Nada receles; con ligero vuelo*
> *alegres ninfas a esta roca llegan,*
> *no sin vencer la voluntad de nuestro*
> *Padre Océano*
> *Luego vencimos virginal vergüenza*
> *y por el éter en alado carro,*
> *los pies descalzos, acudimos todas*
> *a consolarte.*
> Esquilo.

I

¿Recuerdas de Richter, de Richter sombrío,
el verso tan triste, tan triste, tan frío
en que habla del mártir clavado en la cruz?
Blancura sin sangre, blancura nevada,
de estatua yacente blancura callada,
entreabre en el verso sus ojos sin luz.

Nos pinta el poeta la cripta, las fosas;
los niños reviven; levantan las losas,
y a Dios suplicantes, le dicen : —¡Ya, ven !
y Dios, sollozando, responde : —¡Mis muertos!
Me tienen clavados los brazos abiertos;
no puedo abrazaros... ¡he muerto también!

—Jesús —le preguntan— ¿sin padre nacimos?
Si no nos conoce, si ya le perdimos,
si no quiere vernos, si todo olvidó,

apiádate entonces, tú danos un padre,
en ti fervorosa creyó nuestra madre...
Jesús les contesta : — ¡Soy huérfano yo!

Un rayo de luna, silente, muy leve,
de luz ya sin vida, de luz toda nieve,
alumbra impasible la eterna orfandad:
el Cristo, ya exangüe dobló la cabeza...
se acerca a las tumbas la pobre tristeza,
y dice a los niños : — Dormid. ¡Olvidad!
....

DESOLACIÓN

Julián del Casal

¿No habéis visto la lóbrega capilla
del antiguo convento de la aldea?
Ya el incensario en el altar no humea
ni ardiente cirio ante la imagen brilla.
En la torre, agrietada y amarilla,
el pájaro fatídico aletea;
y a Dios no eleva el pecador la idea,
doblegada en el suelo la rodilla.
Ningún monje sombrío, solitario,
arrebujado en su capucha obscura,
postrase a orar, con místico deseo;
y ha tiempo no resuena en el santuario
ni la plegaria de la joven pura,
ni la blasfemia horrible del ateo.

MORIR SOBRE LOS CAMPOS

Alfonsina Storni

Ya quiero que me dejen morir sobre los campos
tendido el cuerpo enfermo. Me traiga el sol sus lampos
y abriéndose las venas a su calor bendito
vengan a mí caricias de todo el infinito.

Que no escuche en la hora solemne de mi muerte
la palabra del hombre que oraciones me advierte.
Que no venga mi madre a besarme las manos,
que me den al olvido los recuerdos humanos.

Que me dejen tendida, solita en la llanura,
y sólo el sol se vuelque portador de blancura
sobre mi cuerpo pobre, sobre mi cuerpo enfermo
como un pájaro helado que aún palpitara yermo.

Porque así moriré sabiendo que, el pecado
no es tal: que si en las flores del jardín he libado,
¡eran mías sus flores y arranqué las corolas
como el mar ha el derecho de sacudir sus olas!

Porque así será buena: olvidaré ambiciones; Justísima,
serena, perdonaré traiciones,
y borracha de sol en la hora postrera
tendré un beso en los labios lleno de primavera.

Moré en la verdad. ¡Sabré que mis errores,
mis bondades, mis sueños, sólo son los señores
que del castillo erguido en mi alma de atea
saliéronle a la vida recabando pelea!

Pero que no me tiendan sobre el lecho mezquino
para morir. No pongan el tono vespertino

44

en mi cuarto pequeño donde se oiga silente
el llanto de la madre que despide al muriente.

Porque acaso mi alma, libre hoy de cobardía,
se haga como mi cuerpo, pobre, sin energía,
y demande perdón por el dulce pecado
de haber libado miel en el huerto sagrado.

O acaso, sin derecho, ya que la vida aquesta
si me brindó su acíbar me dio toda su fiesta,
va me sienta rebelde y maldiga la hora
en que bebí dolor en la copa traidora...

¡Oh! ¡No! Toda la paz para morir deseo;
mi sentimiento asceta que el pesar hizo ateo
quiere serenidad:.. ¡Morir sobre los campos tendida
y en mi cuerpo deshaga el sol sus lampos!

ÓNIX

José Juan Tablada

Torvo fraile del templo solitario
que al fulgor de nocturno lampadario
o a la pálida luz de las auroras
desgranas de tus culpas el rosario...
— ¡Yo quisiera llorar como tú lloras!

Porque la fe en mi pecho solitario
se extinguió como el turbio lampadario
entre la roja luz de las auroras,
y mi vida es un fúnebre rosario
más triste que las lágrimas que lloras.

Casto amador de pálida hermosura
o torpe amante de sensual impura
que vas —novio feliz o amante ciego—
llena el alma de amor o de amargura...
— ¡Yo quisiera abrasarme con tu fuego!

Porque no me seduce la hermosura,
ni el casto amor, ni la pasión impura;
porque en mi corazón dormido y ciego,
ha caído un gran soplo de amargura,
que también pudo ser lluvia de fuego.

¡Oh guerrero de lírica memoria
que, al asir el laurel de la victoria,
caíste herido con el pecho abierto
para vivir la vida de la Gloria!...
— ¡Yo quisiera morir como tú has muerto!

Porque al templo sin luz de mi memoria,
sus escudos triunfales la victoria
no ha llegado a colgar, porque no ha abierto
el relámpago de oro de la Gloria
mi corazón obscurecido y muerto.

Fraile, amante, guerrero, yo quisiera
saber qué obscuro advenimiento espera
el anhelo infinito de mi alma,
si de mi vida en la tediosa calma
no hay un Dios, ni un amor, ni una bandera.

LA CISTERNA

Juana de Ibarbourou

Parece que mi vida presente fuera un pozo,
Una angosta cisterna profunda y circular
Y que, desde su fondo, yo tiendo las dos manos
Suplicantes y ávidas, al externo alentar.

¡Inútil es que alargue hieráticos los brazos,
Que en gritos y oraciones me fatigue la voz!
La sombra es tan ceñida, tan honda en la cisterna,
Que en mí no ha de dar nunca la mirada de Dios.

L'ENNUI

TRISTISSIMA NOX

Julián del Casal

Noche de soledad. Rumor confuso
Hace el viento surgir de la arboleda,
Donde su red de transparente seda
Grisácea araña entre las hojas puso.

Del horizonte hasta el confín difuso
La onda marina sollozando rueda
Y, con su forma insólita, remeda
Tritón cansado ante el cerebro iluso.

Mientras del sueño bajo el firme amparo
Todo yace dormido en la penumbra,
Sólo mi pensamiento vela en calma,

Como la llama de escondido faro
Que con sus rayos fúlgidos alumbra
El vacío profundo de mi alma.

VISIÓN LUNAR

Enrique González Martínez

Bajo la plateada caricia de la Luna
que se levanta,
y bajo de un rocío mirífico de estrellas,
cruzan las tres hermanas silenciosas y bellas
y los musgos parecen sonreír a su planta…
Y van silentemente, sin mirar cosa alguna,
bajo la plateada caricia de la Luna.

Van blancas y desnudas, cogidas de la mano,
la vista al cielo…
Se tiende solitaria la cinta del camino,
y cuando cruzan ellas, un lampo repentino
la huella de sus pasos dibuja sobre el suelo…
Y yo voy persiguiendo su resplandor lejano,
y ellas marchan desnudas, cogidas de la mano.

A la más joven nimba un halo de tristeza;
vívidas rosas
tejidas en guirnalda ostenta la segunda,
y un erótico ambiente de aromas la circunda;
y la tercera virgen de miradas radiosas
ciñe un laurel, y un astro titila en su cabeza…

A la más joven nimba un halo de tristeza.
Bajo la plateada caricia de la Luna,
van su camino;
y en tres rutas diversas se divide el sendero,
y cada cual elige distinto derrotero,
y ofrece cada una diferente destino…
Y yo me quedo absorto, sin seguir a ninguna,
bajo la plateada caricia de la Luna.

ESPLÍN

Julio Herrera y Reissig

Todas las cosas se visten de una vaguedad profunda;
pálidas nieblas evocan la nostalgia de París;
hay en el aire perezas de "cocotte" meditabunda.
Llenos están cielo y tierra de un aburrimiento gris.

Otoño el príncipe vela tras una tenue vitrina,
medio envuelto en la caricia de su pálido jubón.
Flora, enferma, se desmaya mientras el Hada Neblina
abre a los silfos del sueño su palacio de algodón.

Pulsa el arpa somnolienta; y haz que tus dedos armónicos
salten como plumas de ópalo de un verderol del Edén
y que finjan en tus manos los insectos filarmónicos,
dos arañas venturosas de un ensueño de Chopin.

Yo quiero ver en tus ojos una tiniebla azulina
de la clorótica noche de tu faz plenilunial;
crucifícame en tus brazos, mientras el Hada neblina
fuma el opio neurasténico de su cigarro glacial.

DIVAGACIONES

Rubén Darío

Mis ojos espantos han visto,
tal ha sido mi triste suerte;
cual la de mi Señor Jesucristo,
mi alma está triste hasta la muerte.
Hombre malvado y hombre listo
en mi enemigo se convierte;
cual la de mi Señor Jesucristo,
mi alma está triste hasta la muerte.
Desde que soy, desde que existo,
mi pobre alma armonías vierte.
Cual la de mi Señor Jesucristo,
mi alma está triste hasta la muerte.

A KEMPIS

Amado Nervo

Sicut nubes, quasi naves, velut umbra...

Ha muchos años que busco el yermo,
ha muchos años que vivo triste,
ha muchos años que estoy enfermo,
¡y es por el libro que tú escribiste!

¡Oh Kempis, antes de leerte amaba
la luz, las vegas, el mar Océano;
mas tú dijiste que todo acaba,
que todo muere, que todo es vano!

Antes, llevado de mis antojos,
besé los labios que al beso invitan,
las rubias trenzas, los grande ojos,
¡sin acordarme que se marchitan!

Mas como afirman doctores graves,
que tú, maestro, citas y nombras,
que el hombre pasa *como las naves,
como las nubes, como las sombras...*

huyo de todo terreno lazo,
ningún cariño mi mente alegra,
y con tu libro bajo del brazo
voy recorriendo la noche negra...

¡Oh Kempis, Kempis, asceta yermo,
pálido asceta, qué mal me hiciste!
¡Ha muchos años que estoy enfermo,
y es por el libro que tú escribiste!

PARA ENTONCES

Manuel Gutiérrez Nájera

Quiero morir cuando decline el día,
en alta mar y con la cara al cielo,
donde parezca sueño la agonía
y el alma un ave que remonta el vuelo.

No escuchar en los últimos instantes,
ya con el cielo y con el mar a solas,
más voces ni plegarias sollozantes
que el majestuoso tumbo de las olas.

Morir cuando la luz, triste, retira
sus áureas redes de la onda verde,
y ser como ese sol que lento expira:
algo muy luminoso que se pierde.

Morir, y joven: antes que destruya
el tiempo aleve la gentil corona,
cuando la vida dice aún: "Soy tuya",
aunque, sepamos bien que nos traiciona.

LO INEFABLE

Delmira Agustini

Yo muero extrañamente...No me mata la Vida.
No me mata la Muerte, no me mata el Amor;
Muero de un pensamiento mudo como una herida...
¿No habéis sentido nunca el extraño dolor
De un pensamiento inmenso que se arraiga en la vida,
Devorando alma y carne, y no alcanza a dar flor?
¿Nunca llevasteis dentro una estrella dormida
Que os abrasaba enteros y no daba un fulgor?...
Cumbre de los Martirios!... Llevar eternamente,
Desgarradora y árida, la trágica simiente
Clavada en las entrañas como un diente feroz!...
Pero arrancarla un día en una flor que abriera
Milagrosa, inviolable!... Ah, más grande no fuera
Tener entre las manos la cabeza de Dios!

LA ANGUSTIA EXISTENCIAL Y EL DOLOR

MUERTA

Amado Nervo

En vano entre la sombra mis brazos, siempre abiertos,
asir quieren su imagen con ilusorio afán.
¡Qué noche tan callada, qué limbos tan inciertos!
¡Oh! Padre de los vivos, ¿a dónde van los muertos,
a dónde van los muertos, Señor, a dónde van?

Muy vasta, muy distante, muy honda, sí, muy honda,
¡pero muy honda!, debe ser, ¡ay!, la negra onda
en que navega su alma como un tímido albor,
para que aquella madre tan buena no responda
ni se estremezca al grito de mi infinito amor.

Glacial, sin duda, es esa zona que hiende. Fría,
¡oh, sí!, muy fría, pero muy fría debe estar,
para que no la mueva la voz de mi agonía,
para que todo el fuego de la ternura mía
su corazón piadoso no llegue a deshelar.

Acaso en una playa remota y desolada,
enfrente de un océano sin límites, que está
convulso a todas horas, mi ausente idolatrada
los torvos horizontes escruta con mirada
febril, buscando un barco de luz que no vendrá.

¡Quién sabe por qué abismos hostiles y encubiertos
sus blancas alas trémulas el vuelo tenderán!
¡Quién sabe por qué espacios brumosos y desiertos!
Oh, Padre de los vivos, ¿a dónde van los muertos,
a dónde van los muertos, Señor, a dónde van?

Tal vez en un planeta bañado de penumbra
sin fin, que un sol opaco, ya casi extinto, alumbra,

cuitada peregrina mirando en rededor
ilógicos aspectos de seres y de cosas,
absurdas perspectivas, creaciones misteriosas,
que causan extrañeza sutil y vago horror.

Acaso está muy sola. Tal vez mientras yo pienso
en ella, está muy triste: quizá con miedo esté.
Tal vez se abre a sus ojos algún arcano inmenso.
¡Quién sabe lo que siente, quién sabe lo que ve!

Quizá me grita: "¡Hijo!", buscando en mí un escudo
(¡mi celo tantas veces en vida la amparó!),
y advierte con espanto que todo se halla mudo,
que hay algo en las tinieblas, fatídico y sañudo,
que nadie la protege ni le respondo yo.

¡Oh, Dios! ¡me quiso mucho; sus brazos siempre abiertos,
como un gran nido, tuvo para mi loco afán!
Guiad hacia la Vida sus pobres pies inciertos...
¡Piedad para mi muerta! ¡Piedad para los muertos!
¿a dónde van los muertos, Señor, a dónde van?

NOVISSIMA VERBA

Amado Nervo

Yo no sé si la muerte pondrá un sello
de nobleza mayor a esto que escribo;
si tendré el privilegio de que exclamen:
"Murió después de haberlo escrito...
Se formó un cabezal para su sueño
postrer con este libro…"

Pero, muerto o viviente, soy fantasma,
¡somos fantasmas nada más, amigo!
El alma universal que nos anima
en los cuerpos encarna de contino
para sentirse y escucharse en ellos,
y son las existencias el efímero
"aquí estoy", las materializaciones
fugaces, el furtivo
disfraz de lo que vive tras la sombra,
de Aquello que se emboza en el abismo,
de Aquello que resume el universo,
de lo Inefable, de lo que es, ha sido
y por siempre será...

Mi buen hermano,
oye con atención esto que digo,
y que no te conturbe: ¡Dios sí existe!
... ¡Nosotros somos los que no existimos!

ALMA NUEVA

Enrique González Martínez

Ya refrené mis ansias de conocerlo todo...
Hoy gusto de ir sin brújula, extraviado el camino,
con la frente a los cierzos y los pies en el lodo;
sin brújula y a tientas,
sin rumbo ni destino,
ignorando qué auroras, sin saber qué tormentas
me depara el misterio vespertino.

Más quiero sentir todo a manera de un vasto
corazón en mitad del universo,
mientras, allá en el fondo de mi vida, en el casto
silencio de la noche, se oye la voz de un verso...

Y sentir que mi pecho, donde caben
tantas contradicciones misteriosas,
palpita de emoción... Como las rosas
que a todo tiemblan, y que nada saben.

DOLOR, SI POR ACASO...

Enrique González Martínez

Dolor, si por acaso a llamar a mi puerta
llegas, sé bien venido; de par en par abierta
la dejé para que entres... No turbarás la santa
placidez de mi espíritu... Al contemplarte, apenas
el juvenil enjambre de mis dichas serenas
apartárase un punto con temblorosa planta...

Entra, sé bien venido... Te sentaré en el viejo
sitial que ya otras veces ocupaste... Un reflejo
de sol vendrá a bañarnos... Y veremos la larga
y polvorosa ruta, la que tú conociste...
Brotará de mi alma algún recuerdo triste...
asomará a mis ojos una lágrima amarga...

Luego, como al conjuro de algún viento de olvido,
la barbilla en tu báculo, te quedarás dormido.
Regresará la alegre parvada bullidora
a revolar en torno y ofrecerme mi parte
en su festín de risas... Y entonces será hora
de posar en tus hombros mi mano y despertarte.

Y te veré cruzando la tediosa avenida
que allá de tarde en tarde te trae a mi guarida,
y te me irás perdiendo por la ruta lejana,
mientras bajo la hiedra que trepa en mi ventana
me envuelve la infinita claridad de la vida...

LA MAYOR TRISTEZA

Julián del Casal

¡Triste del que atraviesa solitario
el árido camino de la vida
sin encontrar la hermosa prometida
que lo ayuda a subir hasta el Calvario!

¡Triste del que, en recóndito santuario,
le pide a Dios que avive la extinguida
fe que lleva en el alma dolorida
cual seca flor en roto relicario!

¡Pero más triste del que, en honda calma,
sin creer en Dios ni en la mujer hermosa,
sufre el azote de la humana suerte,

y siente descender sobre su alma,
cual sudario de niebla tenebrosa,
el silencio profundo de la muerte!

LA PÁGINA BLANCA

Rubén Darío

Mis ojos miraban en horas de ensueños
la página blanca.

Y vino el desfile de ensueños y sombras.
Y fueron mujeres de rostros de estatua,
mujeres de rostros de estatuas de mármol,
¡tan tristes, tan dulces, tan suaves, tan pálidas!

Y fueron visiones de extraños poemas,
de extraños poemas de besos y lágrimas,
¡de historias que dejan en crueles instantes
las testas viriles cubiertas de canas!

¡Qué cascos de nieve que pone la suerte!
¡Qué arrugas precoces cincela en la cara!
¡Y cómo se quiere que vayan ligeros
los tardos camellos de la caravana!

Los tardos camellos
–como las figuras en un panorama–,
cual si fuese un desierto de hielo,
atraviesan la página blanca.

Éste lleva
una carga
de dolores y angustias antiguas,
angustias de pueblos, dolores de razas;
¡dolores y angustias que sufren los Cristos
que vienen al mundo de víctimas trágicas!

Otro lleva
en la espalda

el cofre de ensueños, de perlas y oro,
que conduce la Reina de Saba.

Otro lleva
una caja
en que va, dolorosa difunta,
como un muerto lirio la pobre Esperanza.

Y camina sobre un dromedario
la Pálida,
la vestida de ropas obscuras,
La Reina invencible, la bella inviolada:
la Muerte.

Y el hombre,
a quien duras visiones asaltan,
el que encuentra en los astros del cielo
prodigios que abruman y signos que espantan,
mira al dromedario
de la caravana
como el mensajero que la luz conduce,
¡en el vago desierto que forma
la página blanca!

NOCTURNO

Rubén Darío

Quiero expresar mi angustia en versos que abolida
dirán mi juventud de rosas y de ensueños,
y la desfloración amarga de mi vida
por un vasto dolor y cuidados pequeños.

Y el viaje a un vago Oriente por entrevistos barcos,
y el grano de oraciones que floreció en blasfemias,
y los azoramientos del cisne entre los charcos,
y el falso azul nocturno de inquerida bohemia.

Lejano clavicordio que en silencio y olvido
no diste nunca al sueño la sublime sonata,
huérfano esquife, árbol insigne, obscuro nido
que suavizó la noche de dulzura de plata...

Esperanza olorosa a hierbas frescas, trino
del ruiseñor primaveral y matinal,
azucena tronchada por un fatal destino,
rebusca de la dicha, persecución del mal...

El ánfora funesta del divino veneno
que ha de hacer por la vida la tortura interior;
la conciencia espantable de nuestro humano cieno
y el horror de sentirse pasajero, el horror

de ir a tientas, en intermitentes espantos,
hacia lo inevitable desconocido, y la
pesadilla brutal de este dormir de llantos
¡de la cual no hay más que Ella que nos despertará!

LO FATAL

Rubén Darío

Dichoso el árbol que es apenas sensitivo,
y más la piedra dura, porque esa ya no siente,
pues no hay dolor más grande que el dolor de ser vivo,
ni mayor pesadumbre que la vida consciente.

Ser y no saber nada, y ser sin rumbo cierto,
y el temor de haber sido y un futuro terror...
Y el espanto seguro de estar mañana muerto,
y sufrir por la vida y por la sombra y por

lo que no conocemos y apenas sospechamos,
y la carne que tienta con sus frescos racimos,
y la tumba que aguarda con sus fúnebres ramos,

¡y no saber adónde vamos,
ni de dónde venimos!...

MONJA NOCHE

Juana de Ibarborou

Monja noche es augusta, misteriosa, callada,
Y viste hábito negro con fulgente rosario.
Monja Noche padece de la pena ignorada
De quién sabe qué extraño y estupendo calvario.

Posee el don milagroso de adormir los dolores
Bajo el gesto supremo de sus manos en cruz.
Monja Noche comprende los dolientes amores,
Las humanas miserias y el dolor de Jesús.

Yo la espero con ansia, pues acalla la pena
De mi amor imposible. Su faz triste, serena
Mi alma miserable, mi alma doliente y gris.

Monja Noche da tregua al dolor del calvario.
Con su hábito negro, su fulgente rosario,
Monja Noche es hermana de Francisco de Asís.

YO SACARÉ LO QUE EN EL PECHO TENGO...

José Martí

Yo sacaré lo que en el pecho tengo
De cólera y de horror. De cada vivo
Huyo, azorado, como de un leproso.
Ando en el buque de la vida: sufro
De náuseas y mal de mar: un ansia odiosa
Me angustia las entrañas: ¡quién pudiera
En un solo vaivén dejar la vida!
No esta canción desoladora escribo
En hora de dolor:
                              ¡Jamás se escriba
En hora de dolor! el mundo entonces
Como un gigante a hormiga pretenciosa
Unce el poeta destemplado: escribo
Luego de hablar con un amigo viejo,
Limpio goce que el alma fortifica:
¡Mas, cual las cubas de madera noble,
La madre del dolor guardo en mis huesos!
¡Ay! ¡mi dolor, como un cadáver, surge
A la orilla, no bien el mar serena!
Ni un poro sin herida: entre la uña
Y la yema, estiletes me han clavado
Que me llegan al pie; se me han comido
Fríamente el corazón: y en este juego
Enorme de la vida, cupo en suerte
Nutrirse de mi sangre a una lechuza.
¡Así hueco y roído, al viento floto
Alzando el puño y maldiciendo a voces,
En mis propias entrañas encerrado!
No es que mujer me engañe, o que fortuna
Me esquive su favor, o que el magnate
Que no gusta de pulcros, me querelle:
Es ¿quién quiere mi vida? es que a los hombres

Palpo, y conozco, y los encuentro malos.
Pero si pasa un niño cuando lloro
Le acaricio el cabello, y lo despido
Como el naviero que a la mar arroja
Con bandera de gala un barco blanco.

Y si decís de mí blasfemia, os digo
Que el blasfemo sois vos: ¿a qué me dieron
Para vivir en un tigral, sedosa
Ala, y no garra aguda? ¿o por acaso
Es ley que el tigre de alas se alimente?
Bien puede ser: ¡de alas de luz repleto,
Daráse al fin de un tigre luminoso,
Radiante como el Sol, la maravilla!
¡Apresure el tigral el diente duro!
¡Nútrase en mí: coma de mí: en mis hombros
Clave los grifos bien: móndeme el cráneo,
Y, con dolor, a su mordida en tierra
Caigan deshechas mis ardientes alas!
¡Feliz aquel que en bien del hombre muere!
¡Bésale el perro al matador la mano!

¡Como un padre a sus hijas, cuando pasa
Un galán pudridor, yo mis ideas
De donde pasa el hombre, por quien muero,
Guardo, como un delito, al pecho helado!
Conozco el hombre, y lo he encontrado malo.
¡Así, para nutrir el fuego eterno
Perecen en la hoguera los mejores!
¡Los menos por los más! ¡los crucifijos
Por los crucificantes! En maderos
Clavaron a Jesús: sobre sí mismos
Los hombres de estos tiempos van clavados.
Los sabios de Chichén, la tierra clara
Donde el aroma y el maguey se crían,
Con altos ritos y canciones bellas

Al hondo de cisternas olorosas
A su virgen mejor precipitaban:
A perfumar el Yucatán florido se alzaba luego
Como en talle negruzco rosa suave
Un humo de magníficos colores:
Tal a la vida echa el Creador los buenos:
A perfumar: a equilibrar: ¡ea! clave
El tigre bien sus garras en mis hombros:
Los viles a nutrirse: los honrados
A que se nutran los demás en ellos.

Para el misterio de la Cruz, no a un viejo
Pergamino teológico se baje:
Bájese al corazón de un virtuoso.
Padece mucho un cirio que ilumina:
¡Sonríe, como virgen que se muere,
La flor cuando la siegan de su tallo!
¡Duele mucho en la tierra un alma buena!
De día, luce brava: por la noche
Se echa a llorar sobre sus propios brazos:
Luego que ve en el aire la aurora
Su horrenda, lividez, por no dar miedo
A la gente, con sangre de sus mismas
Heridas, tiñe el miserable rostro,
¡Y emprende a andar, como una calavera
Cubierta, por piedad, de hojas de rosa!

LAS LUCHAS DE LA FE

A DIOS

Rubén Darío

Yo bien sé que tu fe me ayuda como un báculo
y sé que la Esperanza tiene un ancla de oro
y que el Amor-Custodia brilla en tu tabernáculo
y por eso te ruego a veces, y oro, y lloro

Mas el don que diste de comprender me abruma.
Es una lamparilla para noche tan vasta
como es nuestra existencia de tiniebla y de bruma.
En veces he mordido dudas candentes, y hasta
he sentido, Señor, el pavor de tu ausencia.

La culpa ha sido del misterioso destino
que hizo gustar al hombre la fruta de la ciencia,
cuya pulpa estaba hecha de veneno divino.

CREER

Rubén Darío

Del sacerdote el canto funerario,
los acentos del místico salterio
y las cruces del triste cementerio
y el humo que despide el incensario;

y la esquila del alto campanario
y la oración envuelta en el misterio,
la quietud del oculto monasterio
y la lámpara que arde ante el Santuario;

todo eso da consuelo, luz y vida,
las esperanzas del creyente escuda
y levanta a la fe desfallecida,

con elocuencia que conmueve, muda,
y el bálsamo es del alma que está herida
por el hierro candente de la duda...

SONETOS NEGROS

José Asunción Silva

Tiene instantes de intensas amarguras
la sed de idolatrar que al hombre agita,
del Supremo Señor la faz bendita
ya no ríe del cielo en las alturas.

¡Qué poco logras, Fe, cuando aseguras
término a su ansiedad, que es infinita
y otra vida después do resucita
y halla, en un mundo mejor, horas más puras!

Sin columna de luz, que en el desierto
guíe su paso a punto conocido,
continúa el crüel peregrinaje,

para encontrar en el futuro incierto
Las soledades hondas del olvido
tras las fatigas del penoso viaje.

AL CRISTO

Amado Nervo

Señor, entre la sombra voy sin tino;
la fe de mis mayores ya no vierte
su apacible fulgor en mi camino:
¡mi espíritu está triste hasta la muerte!

Busco en vano una estrella que me alumbre;
busco en vano un amor que me redima;
mi divino ideal está en la cumbre,
y yo, ¡pobre de mí!, yazgo en la sima...

La lira que me diste, entre las mofas
de los mundanos, vibra sin concierto;
¡se pierden en la noche mis estrofas,
como el grito de Agar en el desierto!

Y paria de la dicha y solitario,
siento hastío de todo cuanto existe...
Yo, Maestro, cual Tú, subo al Calvario,
y no tuve Tabor, cual lo tuviste...

Ten piedad de mi mal; dura es mi pena;
numerosas las lides en que lucho;
fija en mí tu mirada que serena,
y dame, como un tiempo a Magdalena,
la calma: ¡yo también he amado mucho!

HASTA LA MÉDULA

Amado Nervo

¡Te amo hasta la médula de mis huesos, Dios mío!
¿Por qué tu faz me ocultas con persistente y honda
lobreguez? No permitas, Señor, que se me esconda,
¡sin ella mi pobre alma se me muere de hastío!

Te amo hasta la médula de mis huesos, y fío
al poderoso instinto con que ese amor ahonda
en la noche, tu encuentro; y a fin de que responda
tu voz, con mis clamores voy poblando el vacío.

Tengo la enfermedad sutil de lo absoluto:
por eso ni la fama, ni el amor que conquisto,
colman mis danaidescas ansias; y tal escruto

los abismos recónditos, que habré de hallarte... Mientras,
pregunto a cada estrella fugaz dónde te encuentras,
y a cada errante y pálido cometa, si te ha visto.

LAS LUCHAS DEL ESPÍRITU

.

EL REINO INTERIOR

Rubén Darío

...with Psychis, my soul!
Poe

Una selva suntuosa
en el azul celeste su rudo perfil calca.
Un camino. La tierra es de color de rosa,
cual la que pinta fra Doménico Cavalca
en sus *Vidas de santos*. Se ven extrañas flores
de la flora gloriosa de los cuentos azules,
y entre las ramas encantadas, papemores
cuyo canto extasiara de amor a los bulbules.
(*Papemor*: ave rara; *Bulbules*: ruiseñores.)

* * *

Mi alma frágil se asoma a la ventana obscura
de la torre terrible en que ha treinta años sueña.
La gentil Primavera primavera le augura.
La vida le sonríe rosada y halagüeña.
Y ella exclama: «¡Oh fragante día! ¡Oh sublime día!
Se diría que el mundo está en flor; se diría
que el corazón sagrado de la tierra se mueve
con un ritmo de dicha; luz brota, gracia llueve.
¡Yo soy la prisionera que sonríe y que canta!»
Y las manos liliales agita, como infanta
real en los balcones del palacio paterno.

* * *

¿Qué son se escucha, son lejano, vago y tierno?
Por el lado derecho del camino adelanta
el paso leve una adorada teoría
virginal. Siete blancas doncellas, semejantes
a siete blancas rosas de gracia y de harmonía

que el alba constelara de perlas y diamantes.
¡Alabastros celestes habitados por astros:
Dios se refleja en esos dulces alabastros!
Sus vestes son tejidos del lino de la luna.
Van descalzas. Se mira que posan el pie breve
sobre el rosado suelo, como una flor de nieve.
Y los cuellos se inclinan, imperiales, en una
manera que lo excelso pregona de su origen.
Como al compás de un verso, su suave paso rigen.
Tal el divino Sandro dejara en sus figuras
esos graciosos gestos en esas líneas puras.
Como a un velado son de liras y laúdes,
divinamente blancas y castas pasan esas
siete bellas princesas. Y esas bellas princesas
son las siete Virtudes.

* * *

Al lado izquierdo del camino y paralela-
mente, siete mancebos –oro, seda, escarlata,
armas ricas de Oriente– hermosos, parecidos
a los satanes verlenianos de Ecbatana,
vienen también. Sus labios sensuales y encendidos,
de efebos criminales, son cual rosas sangrientas;
sus puñales, de piedras preciosas revestidos
–ojos de víboras de luces fascinantes–,
al cinto penden; arden las púrpuras violentas
en los jubones; ciñen las cabezas triunfantes
oro y rosas; sus ojos, ya lánguidos, ya ardientes,
son dos carbunclos mágicos de fulgor sibilino,
y en sus manos de ambiguos príncipes decadentes
relucen como gemas las uñas de oro fino.
Bellamente infernales,
llenan el aire de hechiceros veneficios
esos siete mancebos. Y son los siete vicios,
los siete poderosos Pecados capitales.

* * *

Y los siete mancebos a las siete doncellas
lanzan vivas miradas de amor. Las Tentaciones
de sus liras melifluas arrancan vagos sones.
Las princesas prosiguen, adorables visiones
en su blancura de palomas y de estrellas.
Unos y otras se pierden por la vía de rosa,
y el alma mía queda pensativa a su paso.
"–¡Oh! ¿Qué hay en ti, alma mía?
¡Oh! ¿Qué hay en ti, mi pobre infanta misteriosa?
¿Acaso piensas en la blanca teoría?
¿Acaso
los brillantes mancebos te atraen, mariposa?"

* * *

Ella no me responde.
Pensativa se aleja de la obscura ventana
–pensativa y risueña,
de la Bella-durmiente-del-Bosque tierna hermana–,
y se adormece en donde
hace treinta años sueña.

* * *

Y en sueño dice: "¡Oh dulces delicias de los cielos!
¡Oh tierra sonrosada que acarició mis ojos!
¡Princesas, envolvedme con vuestros blancos velos!
¡Príncipes, estrechadme con vuestros brazos rojos!"

DIVINA PSIQUIS

Rubén Darío

I

¡Divina Psiquis, dulce mariposa invisible
que desde los abismos has venido a ser todo
lo que en mi ser nervioso y en mi cuerpo sensible
forma la chispa sacra de la estatua de lodo!

Te asomas por mis ojos a la luz de la tierra
y prisionera vives en mí de extraño dueño;
te reducen a esclava mis sentidos en guerra
y apenas vagas libre por el jardín del sueño.

Sabia de la Lujuria que sabe antiguas ciencias,
te sacudes a veces entre imposibles muros,
y más allá de todas las vulgares conciencias
exploras los recodos más terribles y obscuros.

Y encuentras sombra y duelo. Que sombra y duelo encuentres
bajo la viña en donde nace el vino del Diablo.
Te posas en los senos, te posas en los vientres
que hicieron a Juan loco e hicieron cuerdo a Pablo.

A Juan virgen y a Pablo militar y violento;
a Juan que nunca supo del supremo contacto;
a Pablo el tempestuoso que halló a Cristo en el viento,
y a Juan ante quien Hugo se queda estupefacto.

II

Entre la catedral y las ruinas paganas
vuelas, ¡oh Psiquis, oh alma mía!
–Como decía
aquel celeste Edgardo,
que entró en el paraíso entre un son de campanas
y un perfume de nardo–,

Entre la catedral
y las paganas ruinas
repartes tus dos alas de cristal,
tus dos alas divinas.

Y de la flor
que el ruiseñor
canta en su griego antiguo, de la rosa,
vuelas, ¡oh, Mariposa!,
a posarte en un clavo de Nuestro Señor.

LA CARTUJA

Rubén Darío

Este vetusto monasterio ha visto,
secos de orar y pálidos de ayuno,
con el breviario y con el Santo Cristo,
a los callados hijos de san Bruno.

A los que en su existencia solitaria
con la locura de la cruz, y al vuelo
místicamente azul de la plegaria,
fueron a Dios en busca de consuelo.

Mortificaron con las disciplinas
y los cilicios la carne mortal,
y opusieron, orando, las divinas
ansias celestes al furor sexual.

La soledad que amaba Jeremías,
el misterioso profesor de llanto,
y el silencio, en que encuentran armonías
el soñador, el místico y el santo,

fueron para ellos minas de diamantes
que cavan los mineros serafines,
a la luz de los cirios parpadeantes
y al son de las campanas de maitines.

Gustaron las harinas celestiales
en el maravilloso simulacro,
herido el cuerpo bajo los sayales,
el espíritu ardiente en amor sacro.

Vieron la nada amarga de este mundo,
pozos de horror y dolores extremos,

y hallaron el concepto más profundo
en el profundo «*De morir tenemos*».

Y como a Pablo e Hilarión y Antonio,
a pesar de cilicios y oraciones,
les presentó, con su hechizo, el demonio
sus mil visiones de fornicaciones.

Y fueron castos por dolor y fe,
y fueron pobres por la santidad,
y fueron obedientes porque fue
su reina de pies blancos la humildad.

Vieron los belcebúes y satanes
que esas almas humildes y apostólicas
triunfaban de maléficos afanes
y de tantas acedias melancólicas.

Que el *Mortui estis* del candente Pablo
les forjaba corazas arcangélicas
y que nada podría hacer el diablo
de halagos finos o añagazas bélicas.

¡Ah!, fuera yo de esos que Dios quería,
y que Dios quiere cuando así le place,
dichosos ante el temeroso día
de losa fría y *Resquiescat in pace*!

Poder matar el orgullo perverso
y el palpitar de la carne maligna,
todo por Dios, delante el Universo,
con corazón que sufre y se resigna.

Sentir la unción de la divina mano,
ver florecer de eterna luz mi anhelo,

y oír como un Pitágoras cristiano
la música teológica del cielo.

Y al fauno que hay en mí, darle la ciencia
que al Ángel hace estremecer las alas.
Por la oración y por la penitencia
poner en fuga a las diablesas malas.

Darme otros ojos; no estos ojos vivos
que gozan en mirar, como los ojos
de los sátiros locos medio-chivos,
redondeces de nieve y labios rojos.

Darme otra boca en que queden impresos
los ardientes carbones del asceta;
y no esta boca en que vinos y besos
aumentan gulas de hombre y de poeta.

Darme otras manos de disciplinante
que me dejen el lomo ensangrentado,
y no estas manos lúbricas de amante
que acarician las pomas del pecado.

Darme otra sangre que me deje llenas
las venas de quietud y en paz los sesos,
y no esta sangre que hace arder las venas,
vibrar los nervios y crujir los huesos.

¡Y quedar libre de maldad y engaño,
y sentir una mano que me empuja
a la cueva que acoge al ermitaño,
o al silencio y la paz de la Cartuja!

ALAS

Enrique González Martínez

Alas, todos pedimos alas, pero ninguno
sabe arrojar el lastre en el tiempo oportuno...
A todos nos aqueja un ímpetu de vuelo,
una atracción de espacio, una obsesión de cielo.
Tendemos nuestras manos codiciosas de lumbre
a la divina llama de la olímpica cumbre;
mas al hacer impulsos de volar nos aferra
el misterioso lazo que nos ata a la tierra.
Un amor, un recuerdo, un dolor es bastante
para apagar las ansias de la pasión errante...
¡Oh, la cruz afrentosa, los afectos humanos!
¿Cuándo desclavaremos nuestros pies, nuestras manos?
¿Cuándo sacudiremos la pesadumbre infecta?
¿Cuándo revestiremos la desnudez perfecta
de nuestro propio espíritu? ¿Cuándo daremos con
la ruta que nos marque nuestra liberación?
¡Y pensar que no es fuerza desandar el camino!
Que sea cada cosa el escalón divino
que nos preste su apoyo para dar aquel salto
de todo lo que es hondo a todo lo que es alto.
Sólo que es necesario esquivar, lo primero,
todo lo que es instable, lo que es perecedero,
para tomar lo eterno, lo que no se consume,
el alma de la piedra y el alma del perfume,
hasta lograr, por último, que vaya confundida
con nuestras propias almas el alma de la vida.
Alas, todos pedimos alas, pero ninguno
sabe arrojar su lastre en el tiempo oportuno...
¡Oh, la cruz afrentosa, los afectos humanos!
¿cuándo desclavaremos nuestros pies, nuestras manos?

A RANCÉ, REFORMADOR DE LA TRAPA

Amado Nervo

Es preciso que tornes de la esfera sombría
con los flavos destellos de la Luna, que escapa,
cual la momia de un mundo, de la azul lejanía;
es preciso que tornes y te vuelvas mi guía
y me des un refugio, ¡por piedad!, en la Trapa.

Si lo mandas, ¡oh padre!, si tu regla lo ordena,
cavaré por mi mano mi sepulcro en el huerto,
Y al amparo infinito de la noche serena
vagaré por sus bordes como el ánima en pena,
mientras lloran los bronces con un toque de muerto...

La leyenda refiere que tu triste mirada
extinguía los duelos y las ansias secretas,
y yo guardo aquí dentro, como en urna cerrada,
desconsuelos muy hondos, mucha hiel concentrada,
y la fiera nostalgia que tocó a los poetas...

Viviré de silencio –el silencio es la plática
con Jesús, escribiste: tal mi plática sea–;
y mezclado a tus frailes, con su turba hierática
gemirá De profundis la voz seca y asmática
que fue verbo: ese verbo que subyuga y flamea.

Ven, abad incurable, gran asceta, yo quiero
anegar mis pupilas en las tuyas de acero,
aspirar el efluvio misterioso que escapa
de tus miembros exangües, de tu rostro severo,
y sufrir el contagio de la paz de tu Trapa.

94

DELICTA CARNIS

Amado Nervo

Carne, carne maldita que me apartas del cielo;
carne tibia y rosada que me impeles al vicio;
ya rasgué mis espaldas con cilicio y flagelo
por vencer tus impulsos, y es en vano: ¡te anhelo
a pesar del flagelo y a pesar del cilicio!

Crucifico mi cuerpo con sagrados enojos,
y se abraza a mis plantas Afrodita la impura;
me sumerjo en la nieve, mas la templan sus ojos;
me revuelco en un tálamo de punzantes abrojos,
y sus labios lo truecan en deleite y ventura.

Y no encuentro esperanza, ni refugio ni asilo,
y en mis noches, pobladas de febriles quimeras,
me persigue la imagen de la Venus de Milo,
con sus lácteos muñones, con su rostro tranquilo
y las combas triunfales de sus amplias caderas.

¡Oh Señor Jesucristo, guíame por los rectos
derroteros del justo; ya no turben con locas
avideces la calma de mis puros afectos
ni el caliente alabastro de los senos erectos,
ni el marfil de los hombros, ni el coral de las bocas!

SEÑOR, MIRAD LAS ALMAS...

José Asunción Silva

¡Señor! ¡Mirad las almas, que en busca de lo eterno,
en el amor humano se detuvieron locas,
cruzar, como las sombras del Dante en el infierno,
unidas de los brazos y unidas de las bocas!
¡Oh Padre! Perdonadlos por el martirio santo
del Salvador Divino, del Gólgota en la cumbre.
Haced que se conviertan los gritos en un canto
y que una luz remota su largo viaje alumbre.
Y dadnos fuerza ¡Oh Padre! para cruzar la vida,
para luchar de lleno por la contraria suerte,
para domar, severos, la carne corrompida,
¡para esperar, tranquilos, las sombras de la muerte!

TREINTA Y TRES

Ramón López Velarde

La edad del Cristo azul se me acongoja
porque Mahoma me sigue tiñendo
verde el espíritu y la carne roja,
y los talla, al beduino y a la hurí,
como una esmeralda en un rubí.

Yo querría gustar del caldo de habas,
mas en la infinidad de mi deseo
se suspenden las sílfides que veo
como en la conservera las guayabas.

La piedra pómez fuera mi amuleto,
pero mi humilde sino se contrista
porque mi boca se instala en secreto
en la feminidad del esqueleto
con un crepúsculo de diamantista.

Afluye la parábola y flamea
y gasto mis talentos en la lucha
de la Arabia Feliz con Galilea.

Me asfixia, en una dualidad funesta,
Ligia, la mártir de pestaña enhiesta,
y de Zoraida la grupa bisiesta.

Plenitud de cerebro y corazón;
oro en los dedos y en las sienes rosas;
y el Profeta de cabras se perfila
más fuerte que los dioses y las diosas.

¡Oh, plenitud cordial y reflexiva:
regateas con Cristo las mercedes
de fruto y flor, y ni siquiera puedes
tu cadáver colgar en la impoluta
atmósfera imantada de una gruta!

OSCILACIONES Y ANCLAJES

PANTEÍSMO

MI ORACIÓN

Delmira Agustini

Mi templo está allá lejos, tras de la selva huraña.
Allá salvaje y triste mi altar es la montaña,
Mi cúpula los cielos, mi cáliz el de un lirio;
Allá, cuando en las tardes lentas, la mano extraña
Del crepúsculo enciende en cada estrella un cirio,

Por entre los fantasmas y las calmas del monte,
Va mi musa errabunda, abriendo un horizonte
En cada ademán... Hija del Orgullo y la Sombra,
Con los ojos más fieros e intrincados que el monte,
Pasa, y el alma grave de la selva se asombra.

Y allá en las tardes tristes, al pie de la montaña,
Serena, blanca, muda, con esplendores de astro,
Erige la plegaria su torre de alabastro...
Y es la oración más honda para mi musa extraña,
Tal vez porque hay en ella la voz de la montaña
Y el homenaje mudo de la natura grave...
Es la oración del alma, flor grandiosa y huraña
De los grandes desiertos. En los templos no cabe.

LA HERMANA AGUA

Amado Nervo

Laudatu si, mi Signore, per sor acqua...
San Francisco de Asís.

A quien va a leer

Un hilo de agua que cae de una llave imperfecta; un hilo de agua, manso y diáfano, que gorjea toda la noche y todas las noches cerca de mi alcoba; que canta a mi soledad y en ella me acompaña; un hilo de agua: ¡qué cosa tan sencilla! Y, sin embargo, estas gotas incesantes y sonoras me han enseñado más que los libros.

El alma del Agua me ha hablado en la sombra –el alma santa del Agua– y yo la he oído, con recogimiento y con amor. Lo que me ha dicho está escrito en páginas que pueden compendiarse así: ser dócil, ser cristalino; ésta es la ley y los profetas; y tales páginas han formado un poema.

Yo sé que quien lo lea sentirá el suave placer que yo he sentido al escucharlo de los labios de Sor Acqua; y éste será mi galardón en la prueba, hasta que mis huesos se regocijen en la gracia de Dios.

El agua que corre bajo la tierra

Yo canto al cielo porque mis linfas ignoradas
hacen que fructifiquen las savias; las llanadas,
los sotos y las lomas por mí tienen frescura.
Nadie me mira, nadie; mas mi corriente obscura
se regocija luego que viene primavera,
porque si dentro hay sombras, hay muchos tallos fuera.
Los gérmenes conocen mi beso cuando anidan
Bajo la tierra, y luego que son flores me olvidan.
Lejos de sus raíces las corolas felices

no se acuerdan del agua que regó sus raíces…
¡Qué importa! Yo alabanzas digo a Dios con voz suave.
La flor no sabe nada, ¡pero el Señor sí sabe!

Y canto a Dios corriendo por mi ignoto sendero,
dichosa de antemano; porque seré venero
ante la vara mágica de Moisés; porque un día
vendrán las caravanas hacia la linfa mía;
porque mis aguas dulces, mientras que la sed matan,
el rostro beatífico del sediento retratan
sobre el fondo del cielo que los cristales yerra;
porque copiando el cielo lo traslado a la tierra,
y así el creyente triste, que en él su dicha fragua,
bebe, al beberme, el cielo que palpita en mi agua,
y como en ese cielo brillan estrellas bellas,
el hombre que me bebe comulga con estrellas.

Yo alabo al Señor bueno porque, con la infinita
pedrería que encuentro de fuegos policromos,
forjo en las misteriosas grutas la estalactita,
pórtico del alcázar de ensueño de los gnomos;
porque en oculto seno de la caverna umbría
doy de beber al monstruo que tiene miedo al día.
¡Qué importa que mi vida bajo la tierra acabe!
Los hombres no lo saben, pero Dios sí lo sabe.

Así me dijo el Agua que discurre por los
antros, y yo: –¡Agua hermana, bendigamos a Dios!

El agua que corre sobre la tierra

Yo alabo al cielo porque me brindó en sus amores,
para mi fondo gemas, para mi margen flores;
porque cuando la roca me muerde y me maltrata
hay en mi sangre (espuma) filigrana de plata;
porque cuando al abismo ruedo en un cataclismo,

adorno de arco-iris triunfales el abismo,
y el rocío que salta de mis espumas blancas
riega las florecitas que esmaltan las barrancas;
porque a través del cauce llevando mi caudal,
soy un camino que anda, como dijo Pascal;
porque en mi gran llanura donde la brisa vuela
deslízanse los élitros nevados de la vela;
porque en mi azul espalda que la quilla acuchilla
mezo, aduermo y soporto la audacia de la quilla,
mientras que no conturba mis ondas el Dios fuerte,
a fin de que originen catástrofes de muerte,
y la onda que arrulla sea la onda que hiere . . .
¡Quién sabe los designios de Dios que así lo quiere!

Yo alabo al cielo porque en mi vida errabunda
Soy Niágara que truena, soy Nilo que fecunda,
maelstrom de remolino fatal, o golfo amigo;
porque, mar di la vida, y, diluvio, el castigo.

Docilidad inmensa tengo para mi dueño:
Él me dice: "Anda", y ando; "Despéñate", y despeño
mis aguas en la sima de roca que da espanto;
y canto cuando corro, y al despeñarme canto,
y cantando, mi linfa tormentas o iris fragua,
fiel al Señor...
                    ¡Loemos a Dios, hermana Agua!

La nieve

Yo soy la movediza perenne; nunca dura
en mí una forma; pronto mi ser se transfigura,
y ya entre guijas de ónix cantando peregrino,
ya en témpanos helados detengo mi camino,
ya vuelo por los aires trocándome en vapores,
ya soy iris en polvo de todos los colores,
o rocío que asciende, o aguacero que llueve . . .

Mas Dios también me ha dado la albura de la nieve,
la albura de la nieve enigmática y fría
que cae de los cielos como una eucaristía,
que por los puntiagudos techos resbala leda
y que cuando la pisan cruje como la seda.

Cayendo silenciosa, de blanco al mundo arropo.
Subí, vapor, a lo alto, desciendo al suelo, copo;
subí gris de los lagos que la quietud estanca,
y bajo blanca al mundo . . . ¡Oh qué bello es ser blanca!

¿Por qué soy blanca? En premio del sacrificio mío,
porque tirito para que nadie tenga frío,
porque mi lino todos los fríos almacena
¡y Dios me torna blanca por haber sido buena!
¿Verdad que es llevadera la palma del martirio
así? Yo caigo como los pétalos de un lirio
de lo alto, y no pudiendo cantar mi canción pura
con murmurios de linfa, la canto con blancura.

La blancura es el himno más hermoso y más santo;
ser blanca es orar; siendo yo, pues, blanca, oro y canto.
Ser luminosa es otro de los cantos mejores:
¿No ves que las estrellas salmodian con fulgores?
Por eso el rey poeta dijo en himno de amor:
"El firmamento narra la gloria del Señor".

Se tú como la Nieve que inmaculada llueve

Y yo clamé: –¡Alabemos a Dios, hermana Nieve!

El hielo

Para cubrir los peces del fondo, que agonizan
de frío, mis piadosas ondas se cristalizan,
y yo, la inquietüela, cuyo perenne móvil

es variar, enmudezco, me aduermo, quedo inmóvil.
¡Ah! Tú no sabes cómo padezco nostalgia
de sol bajo esa blanca sabana siempre fría.
Tú no sabes la angustia de la ola que inmola
Sus ritmos ondulantes de mujer –su sonrisa–
al frío, y que se vuelve –mujer de Loth– banquisa:
ser banquisa es ser como la estatua de la ola.

Tú ignoras esa angustia: mas yo no me rebelo,
y ansiosa de que todo en mi Dios sea loado,
desprendo radiaciones al bloque de mi hielo,
y en vez de azul oleaje soy témpano azulado.

Mis crestas en la noche del polo con fanales,
reflejo el rosa de las auroras boreales,
la luz convaleciente del sol, y con deleite
de Seraphita, yergo mi cristalina roca
por donde trepan lentas las morsas y la foca,
seguidas de lapones hambrientos de su aceite . . .

¿Ya ves cómo se acata la voluntad del cielo?

Y yo recé: –¡Loemos a Dios, hermano hielo!

El granizo

¡Tin, tin, tin, tin! Yo caigo del cielo, en insensato
redoble, al campo y todos los céspedes maltrato.
¡Tin, tin! ¡Muy buenas tardes, mi hermana la pradera!
Poeta, buenas tardes, ¡ábreme tu vidriera!
Soy diáfano y geométrico, tengo esmalte y blancura
tan finos y süaves como una dentadura,
y en un derroche de ópalos blancos me multiplico.
¡La linfa canta, el copo cruje, yo . . . yo repico!
Tin, tin, tin, tin, mi torre es la nube ideal:
¡oye mis campanitas de límpido cristal!

La nieve es triste, el agua turbulenta; yo sin
ventura, soy un loco de atar, ¡tin, tin, tin, tin!
...¿Censuras? No por cierto, no merezco censuras;
las tardes calurosas por mí tienen frescuras,
yo lucho con el hálito del verano
yo soy bello...
                    – ¡Loemos a Dios, Granizo hermano!

El vapor

El vapor es el alma del agua, hermano mío,
así como sonrisa del agua es el rocío,
y el lago sus miradas y su pensar la fuente;
sus lágrimas la lluvia; su impaciencia el torrente,
y los ríos sus brazos; su cuerpo, la llanada
sin coto de los mares, y las olas, sus senos;
su frente, las neveras de los montes serenos,
y sus cabellos de oro líquido, la cascada.

Yo soy alma del agua, y el agua siempre sube:
las transfiguraciones de esa alma son la nube,
su Tabor es la tarde real que la empurpura:
como el agua fue buena, su Dios la transfigura . . .
Y ya es el albo copo que el azul rïela,
ya la zona de fuego, que parece una estela,
ya el divino castillo de nácar, ya el plumaje
de un pavo hecho de piedras preciosas, ya el encaje
de un abanico inmenso, ya el cráter que fulgura . . .
Como el agua fue buena, su Dios la transfigura . . .

–¡Dios! Dios siempre en tus labios está como en un templo:
Dios, siempre Dios . . . ¡en cambio, yo nunca le contemplo!
¿Por qué si Dios existe no deja ver sus huellas
por qué taimadamente se esconde a nuestro anhelo,

por qué no se halla escrito su nombre con estrellas
en medio del esmalte magnífico del cielo?

–Poeta, es que lo buscas con la ensoberbecida
ciencia, que exige pruebas y cifras al Abismo . . .
Asómate a las fuentes oscuras de tu vida,
y allí verás su rostro: tu Dios está en ti mismo.
Busca el silencio y ora: tu Dios execra el grito;
busca la sombra y oye: tu Dios habla en lo arcano;
depón tu gran penacho de orgullo y de delito . . .
–Ya está
            –¿Qué ves ahora?
                        –La faz del infinito.
–¿Y eres feliz?
                  –¡Loemos a Dios, Vapor hermano!

La bruma

La bruma es el ensueño del agua, que se esfuma
en leve gris. ¡Tú ignoras la esencia de la Bruma!
La Bruma es el ensueño del agua, y en su empeño
De inmaterializarse lo vuelve todo ensueño.
A través de su velo mirífico, parece
como que la materia brutal se desvanece:
la torre es un fantasma de vaguedad que pasma,
todo, en su blonda envuelto, se convierte en fantasma,
y el mismo hombre que cruza por su zona quïeta
se convierte en fantasma, es decir, en silueta.
La Bruma es el ensueño del agua, que se esfuma
en leve gris. ¡Tú ignoras la esencia de la Bruma,
de la Bruma que sueña con la aurora lejana!
Y yo dije: –¡Ensalcemos a Dios, oh Bruma hermana!

Las voces del agua

–Mi gota busca entrañas de roca y las perfora.
–En mí flota el aceite que en los santuarios vela.
–Por mí raya el milagro de la locomotora
la pauta de los rieles. –Yo pinto la acuarela.
–Mi bruma y tus recuerdos son por extraño modo
gemelos; ¿no ves cómo lo divinizan todo?
–Yo presto vibraciones de flautas prodigiosas
al cristal de los vasos. –Soy triaca y enfermera
en las modernas clínicas. –Y yo, sobre las rosas
turiferario santo del alba en primavera.
–Soy pródiga de fuerza motriz en mi caída.
–Yo escarcho los ramajes. –Yo en tiempos muy remotos
di un canto a las sirenas. –Yo, cuando estoy dormida,
sueño sueños azules, y esos sueños son lotos.
–Poeta, que por gracia del cielo nos conoces,
¿no cantas con nosotras?
                              –¡Sí canto, hermanas voces!

El agua multiforme

"El agua toma siempre la forma de los vasos
que la contienen", dicen las ciencias que mis pasos
atisban y pretenden analizarme en vano;
yo soy la resignada por excelencia, hermano.
¿No ves que a cada instante mi forma se aniquila?
Hoy soy torrente inquieto y ayer fui agua tranquila;
hoy soy, en vaso esférico, redonda; ayer, apenas,
me mostraba cilíndrica en las ánforas plenas,
y así pitagorizo mi ser, hora tras hora;
hielo, corriente, niebla, vapor que el día dora,
todo lo soy, y a todo me pliego en cuanto cabe.
¡Los hombres no lo saben, pero Dios sí lo sabe!

¿Por qué tú te rebelas? ¿Por qué tu ánimo agitas?
¡Tonto! ¡Si comprendieras las dichas infinitas
de plegarse a los fines del Señor que nos rige!
¿Qué quieres? ¿Por qué sufres? ¿Qué sueñas? ¿Qué te aflige?
¡Imaginacïones que se extinguen en cuanto
aparecen . . .! ¡En cambio, yo canto, canto, canto!
Canto, mientras tú penas, la voluntad ignota;
canto cuando soy chorro, canto cuando soy gota,
y al ir, Proteo extraño, de mi destino en pos,
murmuro: –¡Que se cumpla la santa ley de Dios!

¿Por qué tantos anhelos sin rumbo tu alma fragua?
¿Pretendes ser dichoso? Pues bien: sé como el agua;
sé como el agua, llena de oblación y heroísmo,
sangre en el cáliz, gracia de Dios en el bautismo;
sé como el agua, dócil a la ley infinita,
que reza en las iglesias en donde está bendita,
y en el estanque arrulla meciendo la piragua.
¿Pretendes ser dichoso? Pues bien: sé como el agua;
lleva cantando el traje de que el Señor te viste,
y no estés triste nunca, que es pecado estar triste.
Deja que en ti se cumplan los fines de la vida;
sé declive, no roca; transfórmate y anida
donde al Señor le plazca, y al ir del fin en pos,
murmura: ¡Que se cumpla la santa ley de Dios!

Lograrás, si lo hicieres así, magno tesoro
de bienes: si eres bruma, serás bruma de oro;
si eres nube, la tarde te dará su arrebol;
si eres fuente, en tu seno verás temblando al sol;
tendrán filetes de ámbar tus ondas, si laguna
eres, y si océano, te plateará la luna.
Si eres torrente, espuma tendrás tornasolada,
y una crencha de arco-iris en flor, si eres cascada.

Así me dijo el Agua con místico reproche,
Y yo, rendido al santo consejo de la Maga,
Sabiendo que es el Padre quien habla entre la noche,
Clamé con el Apóstol: –*Señor, ¿qué quieres que haga?*

MADRE NATURALEZA

Manuel Gutiérrez Nájera

Madre, madre, cansado y soñoliento
quiero pronto volver a tu regazo,
besar tu seno, respirar tu aliento
y sentir la indolencia de tu abrazo.

Tú no cambias, ni mudas, ni envejeces;
en ti se encuentra la virtud perdida,
y tentadora y joven apareces
en las grandes tristezas de la vida.

Con ansia inmensa que mi ser consume
quiero apoyar las sienes en tu pecho,
tal como el niño que la nieve entume
busca el calor de su mullido lecho.

¡Aire! ¡más luz, una planicie verde
y un horizonte azul que la limite,
sombra para llorar cuando recuerde,
cielo para creer cuando medite!

Abre, por fin, hospedadora muda,
tus vastas y tranquilas soledades,
y deja que mi espíritu sacuda
el tedio abrumador de las ciudades.

No más continuo batallar: ya brota
sangre humeante de mi abierta herida,
y quedo inerme, con la espada rota,
en la terrible lucha por la vida.

Acude, madre, y antes que perezca
y bajo el peso del dolor sucumba,
o abre tus senos, y que el musgo crezca
sobre la humilde tierra de mi tumba.

PANTEÍSMO

Juana de Ibarbourou

Siento un acre placer en tenderme en la tierra,
con el sol matutino tibia como una cama.
Bajo mi cuerpo, ¡cuánta vida su vientre encierra!
¡Quién sabe qué diamante esconde aquí su llama!

¡Quién sabe qué tesoro, dentro de una miriada,
surgirá de este mismo lugar donde reposo,
si será el oro vivo de una era sembrada,
o la viva esmeralda de algún árbol frondoso!

¡Quién sabe qué estupenda y dorada simiente
ha de brotar ahora bajo mi cuerpo ardiente!
Futuro pebetero que esparcirá a los vientos,

en las noches de estío, claras y rumorosas,
el calor de mi carne hecho aroma de rosas,
fragancia de azucenas, y olor de pensamientos.

LA ESPIGA

Rubén Darío

Mira el signo sutil que los dedos del viento
hacen al agitar el tallo que se inclina
y se alza en una rítmica virtud de movimiento.
Con el áureo pincel de la flor de la harina

trazan sobre la tela azul del firmamento
el misterio inmortal de la tierra divina
y el alma de las cosas que da su sacramento
en una interminable frescura matutina.

Pues en la paz del campo la faz de Dios asoma.
De las floridas urnas místico incienso aroma
el vasto altar en donde triunfa la azul sonrisa;

aún verde está y cubierto de flores el madero,
bajo sus ramas llenas de amor pace el cordero
y en la espiga de oro y luz duerme la misa.

CLARIDAD TRIUNFANTE

Leopoldo Lugones

Tan tenue, que al principio casi es una neblina,
Cobra el alba un misterio de perla submarina.
En la fronda, los pájaros, cual si tuvieran frío,
Bajo el ala encapuchan la timidez del pío;
Que así, a la gloria próxima del lírico derroche,
Renacen del inmenso huevo azul de la noche.
Un misterioso aliento de aroma y de frescura
Conmueve lo profundo de la arboleda obscura.
En el cielo que aclara, todavía incoloro,
La soñolienta aurora despeina un bucle de oro:
Y en el pincel del álamo anima el toque rosa
Con que va iluminando su acuarela graciosa.

El humilde sendero que en los campos se pierde,
Agranda un mundo hermoso tras la colina verde.
Y la aventura, al soplo matinal se embandera,
Con gallardo alborozo de nave delantera.
Tallando en oro fútil cada guijarro agudo,
El arroyuelo ríe como un niño desnudo.
Con pueril fruslería, la alegría, en los trinos,
Tritura innumerables palitos cristalinos;
Que ya el nocturno huevo, roto en un arrebol,
Ha vertido la ardiente yema de oro del sol.

La tierra en su rugoso vigor de diosa agreste,
Se abreva de rocío con ebriedad celeste.
Es la sagrada hora del alma que confía.
Con solidez de puro diamante, el nuevo día
La cimienta la honrada seguridad del bien.
La verdad es la recia viga de su sostén.
La claridad extática, en el azul ambiente,
Como el agua en el vaso, tiembla ligeramente,

El silencio que triunfa, magnífico y profundo,
Es la grave armonía que está cantando el mundo.
Ya ni un rumor lejano la serenidad quiebra.
Solo de cuando en cuando, con son viril celebra,
En la cerviz de hierro del yunque, el sano afán,
La gloria del buen hombre que se gana su pan.

¿TE ACUERDAS DE LA TARDE...

Enrique González Martínez

¿Te acuerdas de la tarde en que vieron mis ojos
de la vida profunda el alma de cristal?
Yo amaba solamente los crepúsculos rojos,
las nubes y los campos, la ribera y el mar...
Mis ojos eran hechos para formas sensibles;
me embriagaba la línea, adoraba el color;
apartaba mi espíritu de sueños imposibles,
desdeñaba las sombras enemigas del sol.
Del jardín me atraían el jazmín y la rosa
(la sangre de la rosa, la nieve del jazmín)
sin saber que a mi lado pasaba temblorosa,
hablándome en secreto, el alma del jardín.
Halagaban mi oído las voces de las aves,
la balada del viento, el canto del pastor,
y yo formaba coro con las notas suaves,
y enmudecían ellas y enmudecía yo...
Jamás seguir lograba el fugitivo rastro
de lo que ya no existe, de lo que ya se fue...
Al fenecer la nota, al apagarse el astro,
¡oh sombras, oh silencio, dormitabais también!
¿Te acuerdas de la tarde en que vieron mis ojos
de la vida profunda el alma de cristal?
Yo amaba solamente los crepúsculos rojos,
las nubes y los campos, la ribera y el mar...

CUANDO SEPAS HALLAR UNA SONRISA...

Enrique González Martínez

Cuando sepas hallar una sonrisa
en la gota sutil que se rezuma
de las porosas piedras, en la bruma,
en el sol, en el ave y en la brisa;

cuando nada a tus ojos quede inerte,
ni informe, ni incoloro, ni lejano,
y penetres la vida y el arcano
del silencio, las sombras y la muerte;

cuando tiendas la vista a los diversos
rumbos del cosmos, y tu esfuerzo propio
sea como potente microscopio
que va hallando invisibles universos,

entonces en las flamas de la hoguera
de un amor infinito y sobrehumano,
como el santo de Asís, dirás hermano
al árbol, al celaje y a la fiera.

Sentirás en la inmensa muchedumbre
de seres y de cosas tu ser mismo;
serás todo pavor con el abismo
y serás todo orgullo con la cumbre.

Sacudirá tu amor el polvo infecto
que macula el blancor de la azucena,
bendecirás las márgenes de arena
y adorarás el vuelo del insecto;

y besarás el garfio del espino
y el sedeño ropaje de las dalias. . .
y quitarás piadoso tus sandalias
por no herir a las piedras del camino.

ME ABRAZARÉ A LA VIDA

Enrique González Martínez

Me abrazaré a la Vida, y en la llama encendida
de su amor infinito me envolverá la Vida:

seré nube que asciende, mirra que se consume,
todo calor y lumbre, todo vuelo y perfume;

en el santo abandono de un éxtasis profundo,
palpitaré al unísono con la euritmia del mundo;

seré el ojo vidente eternamente abierto
y el oído que escucha las voces del desierto;

mano que todo palpa, acaricia u oprime,
boca que ora salmodia, ora impreca, ora gime;

me invadirá el encanto de las cosas pequeñas,
del musgo que tapiza las abras de las peñas,

del minúsculo cosmos que se agita o reposa
bajo el dombo de un ala azul de mariposa,

del paso de un insecto en la vislumbre extraña
de una chispa del sol sobre un hilo de araña…

Odiaré las abstractas locuras de mi mente
y anhelaré tan sólo vivir intensamente;

y una tarde de tantas, mientras caigan los rojos
cendales de un crepúsculo, se cerrarán mis ojos.

Y me hundiré en el sueño inefable y profundo,
Para los hombres muerto, y vivo para el mundo.

EL ALBA

Julio Herrera y Reissig

Humean en la vieja cocina hospitalaria
los rústicos candiles… Madrugadora leña
infunden una sabrosa fragancia lugareña;
y el desayuno mima la vocación agraria…
Rebota en los collados la grita rutinaria
del boyero que a ratos deja la yunta y sueña…
Filis prepara el huso. Tetis, mientras ordeña,
ofrece a Dios la leche blanca de su plegaria.
Acongojando el valle con sus beatos nocturnos,
salen de los establos, lentos y taciturnos,
los ganados. La joven brisa se despereza…
Y como una pastora en piadoso desvelo,
con sus ojos de bruma, de una dulce pereza,
el Alba mira en éxtasis las estrellas del cielo.

LA MISA CÁNDIDA

Julio Herrera y Reissig

Jardín de rosa angélico, la tierra guipuzcoana!
Edén que un Fra Doménico soñara en acuarelas...
Los hombres tienen rostros vírgenes de manzana,
y son las frescas mozas óleos de antiguas telas.

Fingen en la apretura de la calleja aldeana
secretearse las casas con chismosas cautelas,
y estimula el buen ocio un trin-trin de campana,
un pum-pum de timbales y un fron-fron de vihuelas.

¡Oh campo siempre niño! ¡Oh patria de alma proba!
Como una virgen, mística de tramonto, se arroba...
Aves, mar, bosques: todo ruge, solloza y trina

las Bienaventuranzas sin código y sin reyes...
Y en medio a ese sonámbulo coro de Palestrina,
oficia la apostólica dignidad de los bueyes!

SINCRETISMO RELIGIOSO Y OCULTISMOS

SALUTACIÓN A LEONARDO

Rubén Darío

Maestro, Pomona levanta su cesto. Tu estirpe
saluda la Aurora. ¡Tu aurora! Que extirpe
de la indiferencia la mancha; que gaste
la dura cadena de siglos; que aplaste
al sapo la piedra de su honda.
Sonrisa más dulce no sabe Gioconda.
El verso su ala y el ritmo su onda
hermanan en una
dulzura de luna
que suave resbala
(el ritmo de la onda y el verso del ala
del mágico cisne sobre la laguna)
sobre la laguna.
Y así, soberano maestro
del estro,
las vagas figuras
del sueño, se encarnan en líneas tan puras
que el sueño
recibe la sangre del mundo mortal,
y Psiquis consigue su empeño
de ser advertida a través del terrestre cristal.
(Los bufones
que hacen sonreír a Monna Lisa
saben canciones
que ha tiempo en los bosques de Grecia decía la risa
de la brisa.)
Pasa su Eminencia.
Como flor o pecado es su traje
Rojo;
como flor o pecado, o conciencia
de sutil monseñor que a su paje
mira con vago recelo o enojo.
Nápoles deja a la abeja de oro

hacer su miel
en su fiesta de azul; y el sonoro
bandolín y el laurel
nos anuncian Florencia.
Maestro, si allá en Roma
quema el sol de Segor y Sodoma
la amarga ciencia
de purpúreas banderas, tu gesto
las palmas nos da redimidas,
bajo los arcos
de tu genio: San Marcos
y Partenón de luces y líneas y vidas.
(Tus bufones
que hacen la risa
de Monna Lisa
saben tan antiguas canciones.)
Los leones de Asuero
junto al trono para recibirte,
mientras sonríe el divino Monarca.
Pero
hallarás la sirte,
la sirte para tu barca,
si partís en la lírica barca
con tu Gioconda...
La onda
y el viento
saben la tempestad para tu cargamento.
¡Maestro!
Pero tú en cabalgar y domar fuiste diestro,
pasiones e ilusiones:
a unas con el freno, a otras con el cabestro
las domaste, cebras o leones.
Y en la selva del Sol, prisionera
tuviste la fiera
de la luz: y esa loca fue casta
cuando dijiste: «Basta».

Seis meses maceraste tu Ester en tus aromas.
De tus techos reales volaron las palomas.
Por tu cetro y tu gracia sensitiva,
por tu copa de oro en que sueñan las rosas,
en mi ciudad, que es tu cautiva,
tengo un jardín de mármol y de piedras preciosas
que custodia una esfinge viva.

EN LAS CONSTELACIONES

Rubén Darío

En las constelaciones Pitágoras leía,
yo en las constelaciones pitagóricas leo;
pero se han confundido dentro del alma mía
el alma de Pitágoras con el alma de Orfeo.

Sé que soy, desde el tiempo del Paraíso, reo;
sé que he robado el fuego y robé la armonía;
que es abismo mi alma y huracán mi deseo;
que sorbo el infinito y quiero todavía...

Pero ¿qué voy a hacer, si estoy atado al potro
en que, ganado el premio, siempre quiero ser otro,
y en que, dos en mí mismo, triunfa uno de los dos?

En la arena me enseña la tortuga de oro
hacia dónde conduce de las musas el coro
y en dónde triunfa, augusta, la voluntad de Dios.

LA TORTUGA DE ORO

Rubén Darío

La tortuga de oro camina por la alfombra
y traza por la alfombra un misterioso estigma;
sobre su carapacho hay grabado un enigma
y círculo enigmático se dibuja en su sombra.

Esos signos nos dicen al Dios que no se nombra
y ponen en nosotros su autoritario estigma:
ese círculo encierra la clave del enigma
que a Minotauro mata y a la Medusa asombra.

Ramo de sueños, mazo de ideas florecidas
en explosión de cantos y en floración de vidas,
sois mi pecho suave, mi pensamiento parco.

Y cuando hayan pasado las sedas de la fiesta,
decidme los sutiles efluvios de la orquesta
y lo que está suspenso entre el violín y el arco.

AÚM

Rubén Darío

¡AÚM! es el sol luminoso,
es la inmensa pirámide, el coloso,
el corazón, el mar.
Yo sé todas las Biblias, y me llamo Takoa:
soy el padre del tigre, soy el padre del boa,
soy el todo Soar.

LÍRICA

Rubén Darío

Eduardo: está en el reino de nuestra fantasía
el pabellón azul de nuestro rey divino.
Saludemos al dios en el pan y en el vino,
saludemos al dios en la noche y el día.

Todavía está Apolo triunfante, todavía
gira bajo su lumbre la rueda del destino
y viértense del carro en el diurno camino
las ánforas de fuego, las urnas de armonía.

Hundámonos en ese mar vasto de éter puro
en que las almas libres del cautiverio obscuro
de la sombra, celebran el divino poder

de cantar. Tal será nuestra eterna retórica.
En tanto suena la música pitagórica
y brilla en el celeste abismo Lucifer.

METEMPSICOSIS

Rubén Darío

Yo fui un soldado que durmió en el lecho
de Cleopatra la reina. Su blancura
y su mirada astral y omnipotente.
Eso fue todo.

¡Oh mirada! ¡oh blancura! y oh, aquel lecho
en que estaba radiante la blancura!
¡Oh, la rosa marmórea omnipotente!
Eso fue todo.

Y crujió su espinazo por mi brazo;
y yo, liberto, hice olvidar a Antonio.
(¡Oh el lecho y la mirada y la blancura!)
Eso fue todo.

Yo, Rufo Galo, fui soldado y sangre
tuve de Galia, y la imperial becerra
me dio un minuto audaz de su capricho.
Eso fue todo.

¿Por qué en aquel espasmo las tenazas
de mis dedos de bronce no apretaron
el cuello de la blanca reina en broma?
Eso fue todo.

Yo fui llevado a Egipto. La cadena
tuve al pescuezo. Fui comido un día
por los perros. Mi nombre, Rufo Galo.
Eso fue todo.

JESÚS

Amado Nervo

Jesús no vino del mundo de «los cielos».
Vino del propio fondo de las almas;
de donde anida el yo: de las regiones
internas del Espíritu.

¿Por qué buscarle encima de las nubes?
Las nubes no son trono de los dioses.
¿Por qué buscarle en los candentes astros?
Llamas son como el sol que nos alumbra,
orbes de gases inflamados... Llamas
nomás.
     ¿Por qué buscarle en los planetas?
Globos son como el nuestro, iluminados
por una estrella en cuyo torno giran.

Jesús vino de donde
vienen los pensamientos más profundos
y el más remoto instinto.
No descendió: emergió del océano
sin fin del subconsciente;
volvió a él, y ahí está, sereno y puro.
Era y es un eón.
     El que se adentra
osado en el abismo
sin playas de sí mismo,
con la luz del amor, ése le encuentra.

TRANSMIGRACIÓN

Amado Nervo

MMMM ant. Christ.
MDCCC post Christ.

A veces, en sueños, mi espíritu finge
escenas de vidas lejanas:
                                    yo fui
un sátrapa egipcio de rostro de esfinge,
de mitra dorada, y en Menfis viví.

Ya muerto, mi alma siguió el vuelo errático,
ciñendo en Solima, y a Osiris infiel,
la mitra bicorne y el éfod hierático
del gran sacerdote del Dios de Israel.

Después, mis plegarias alcé con el druida
y en bosque sagrado Velleda me amó.
Fui rey merovingio de barba florida;
corona de hierro mi sien rodeó.

Más tarde, trovero de nobles feudales.
canté sus hazañas, sus lances de honor,
yanté a la su mesa, y en mil bacanales
sentime beodo de vino y de amor.
Y ayer, prior esquivo y austero los labios

al Dios eucarístico, temblando acerqué:
por eso conservo piadosos resabios,
y busco el retiro siguiendo a los sabios
y sufro nostalgias inmensas de fe.

REPARACIÓN

Amado Nervo

¡En esta vida no la supe amar!
Dame otra vida para reparar,
¡oh Dios!, mis omisiones,
para amarla con tantos corazones
como tuve en mis cuerpos anteriores;
para colmar de flores,
de risas y de gloria sus instantes;
para cuajar su pecho de diamantes
y en la red de sus labios dejar presos
los enjambres de besos
que no le di en las horas ya perdidas...

Si es cierto que vivimos muchas vidas
(conforme a la creencia
teosófica), Señor, otra existencia
de limosna te pido
para quererla más que la he querido,
para que en ella nuestras almas sean
tan *una*, que las gentes que nos vean
en éxtasis perenne ir hacia Dios
digan: "¡cómo se quieren esos dos!"

A la vez que nosotros murmuramos
con un instinto lúcido y profundo
(mientras que nos besamos
como locos): "¡Quizás ya nos amamos
con este mismo amor en otro mundo!"

EL SON DEL CORAZÓN

Ramón López Velarde

Una música íntima no cesa,
porque transida en un abrazo de oro
la Caridad con el Amor se besa.
¿Oyes el diapasón del corazón?
Oye en su nota múltiple el estrépito
de los que fueron y de los que son.
Mis hermanos de todas las centurias
reconocen en mí su pausa igual,
sus mismas quejas y sus propias furias.
Soy la fronda parlante en que se mece
el pecho germinal del bardo druida
con la selva por diosa y por querida.
Soy la alberca lumínica en que nada,
como perla debajo de una lente,
debajo de las linfas, Scherezada.
Y soy el suspirante cristianismo
al hojear las bienaventuranzas
de la virgen que fue mi catecismo.
Y la nueva delicia, que acomoda
sus hipnotismos de color de tango
al figurín y al precio de la moda.
La redondez de la Creación atrueno
cortejando a las hembras y a las cosas
con un clamor pagano y nazareno.
¡Oh Psiquis, oh mi alma: suena a son
moderno, a son de selva, a son de orgía
y a son mariano, el son del corazón!

METEMPSÍCOSIS

Leopoldo Lugones

Era un país de selva y de amargura, – un país con altísimos abetos, – con abetos altísimos, en donde – ponía quejas el temblor del viento. – Tal vez era la tierra cimeriana – donde estaba la boca del Infierno, – la isla que en el grado ochenta y siete – de latitud austral, marca el lindero – de la líquida mar; sobre las aguas – se levantaba un promontorio negro, – como el cuello de un lúgubre caballo, – de un potro colosal, que hubiera muerto – en su última postura de combate, – con la hinchada nariz humeando al viento. – El orto formidable de una noche – con intenso borrón manchaba el cielo, – y sobre el fondo de carbón flotaba – la alta silueta del peñasco negro. – Una luna ruinosa se perdía – con su amarilla cara de esqueleto – en distancias de ensueño y de problema; – y había un mar, pero era un mar eterno, – dormido en un silencio sofocante – como un fantástico animal enfermo. – Sobre el filo más alto de la roca, – ladrando al hosco mar, estaba un perro.

Sus colmillos brillaban en la noche – pero sus ojos no, porque era ciego. – Su boca abierta relumbraba, roja – como el vientre caldeado de un brasero; – como la gran bandera de venganza – que corona las iras de mis sueños; – como el hierro de una hacha de verdugo – abrevada en la sangre de los cuellos. – Y en aquella honda boca aullaba el hambre, – como el sonido fúnebre en el hueco – de las tristes campanas de Noviembre. – Vi que mi alma con sus brazos yertos – y en su frente una luz hipnotizada – subía hacia la boca de aquel perro, – y que en sus manos y sus pies sangraban, – como rosas de luz, cuatro agujeros; – y que en la hambrienta boca se perdía, – y que el monstruo sintió en sus ojos secos –

141

encenderse dos llamas, como lívidos – incendios de alcohol sobre los miedos.

Entonces comprendí (¡Santa Miseria!) – el misterioso amor de los pequeños; – y odié la dicha de las nobles sedas, – y las prosapias con raíz de hierro; – y hallé en tu lodo gérmenes de lirios, – y puse la amargura de mis besos – sobre bocas purpúreas, que eran llagas; – y en las prostituciones de tu lecho – vi esparcidas semillas de azucena, – y aprendí a aborrecer como los siervos; – y mis ojos miraron en la sombra – una cruz nueva, con sus clavos nuevos, – que era una cruz sin víctima, elevada – sobre el oriente enorme de un incendio, –aquella cruz sin víctima ofrecida – como un lecho nupcial. ¡Y yo era un perro!

NEOPAGANISMO

COLOQUIO DE LOS CENTAUROS

Rubén Darío

En la isla en que detiene su esquife el argonauta
del inmortal Ensueño, donde la eterna pauta
de las eternas liras se escucha –Isla de Oro
en que el tritón erige su caracol sonoro
y la sirena blanca va a ver el sol– un día
se oye un tropel vibrante de fuerza y de harmonía.

Son los Centauros. Cubren la llanura. Les siente
la montaña. De lejos, forman són de torrente
que cae; su galope al aire que reposa
despierta, y estremece la hoja del laurel-rosa.

Son los Centauros. Unos enormes, rudos; otros
alegres y saltantes como jóvenes potros;
unos con largas barbas como los padres-ríos;
otros imberbes, ágiles y de piafantes bríos,
y robustos músculos, brazos y lomos aptos
para portar las ninfas rosadas en los raptos.

Van en galope rítmico. Junto a un fresco boscaje,
frente al gran Océano, se paran. El paisaje
recibe de la urna matinal luz sagrada
que el vasto azul suaviza con límpida mirada.
Y oyen seres terrestres y habitantes marinos
la voz de los crinados cuadrúpedos divinos.

QUIRÓN

Calladas las bocinas a los tritones gratas,
calladas las sirenas de labios escarlatas,
los carrillos de Eolo desinflados, digamos
junto al laurel ilustre de florecidos ramos

145

la gloria inmarcesible de las Musas hermosas
y el triunfo del terrible misterio de las cosas.
He aquí que renacen los lauros milenarios;
vuelven a dar su lumbre los viejos lampadarios;
y anímase en mi cuerpo de Centauro inmortal
la sangre del celeste caballo paternal.

RETO

Arquero luminoso, desde el Zodíaco llegas;
aun presas en las crines tienes abejas griegas;
aun del dardo herakleo muestras la roja herida
por do salir no pudo la esencia de tu vida.
¡Padre y Maestro excelso! Eres la fuente sana
de la verdad que busca la triste raza humana:
aun Esculapio sigue la vena de tu ciencia;
siempre el veloz Aquiles sustenta su existencia
con el manjar salvaje que le ofreciste un día,
y Herakles, descuidando su maza, en la harmonía
de los astros, se eleva bajo el cielo nocturno...

QUIRÓN

La ciencia es flor del tiempo: mi padre fue Saturno.

ABANTES

Himnos a la sagrada Naturaleza; al vientre
de la tierra y al germen que entre las rocas y entre
las carnes de los árboles, y dentro humana forma,
es un mismo secreto y es una misma norma,
potente y sutilísimo, universal resumen
de la suprema fuerza, de la virtud del Numen.

146

QUIRÓN

¡Himnos! Las cosas tienen un ser vital: las cosas
tienen raros aspectos, miradas misteriosas;
toda forma es un gesto, una cifra, un enigma;
en cada átomo existe un incógnito estigma;
cada hoja de cada árbol canta un propio cantar
y hay un alma en cada una de las gotas del mar;
el vate, el sacerdote, suele oír el acento
desconocido; a veces enuncia el vago viento
un misterio; y revela una inicial la espuma
o la flor; y se escuchan palabras de la bruma;
y el hombre favorito del Numen, en la linfa
o la ráfaga encuentra mentor: demonio o ninfa.

FOLO

El biforme ixionida comprende de la altura,
por la materna gracia, la lumbre que fulgura,
la nube que se anima de luz y que decora
el pavimento en donde rige su carro Aurora,
y la banda de Iris que tiene siete rayos
cual la lira en sus brazos siete cuerdas, los mayos
en la fragante tierra llenos de ramos bellos,
y el Polo coronado de cándidos cabellos.
El ixionida pasa veloz por la montaña
rompiendo con el pecho de la maleza huraña
los erizados brazos, las cárceles hostiles;
escuchan sus orejas los ecos más sutiles:
sus ojos atraviesan las intrincadas hojas
mientras sus manos toman para sus bocas rojas
las frescas bayas altas que el sátiro codicia;
junto a la oculta fuente su mirada acaricia
las curvas de las ninfas del séquito de Diana;
pues en su cuerpo corre también la esencia humana
unida a la corriente de la savia divina
y a la salvaje sangre que hay en la bestia equina.

147

Tal el hijo robusto de Ixión y de la Nube.

QUIRÓN

Sus cuatro patas bajan; su testa erguida sube.

ORNEO

Yo comprendo el secreto de la bestia. Malignos
seres hay y benignos. Entre ellos se hacen signos
de bien y mal, de odio o de amor, o de pena
o gozo: el cuervo es malo y la torcaz es buena.

QUIRÓN

Ni es la torcaz benigna, ni es el cuervo protervo:
son formas del Enigma la paloma y el cuervo.

ASTILO

El Enigma es el soplo que hace cantar la lira.

NESO

¡El Enigma es el rostro fatal de Deyanira!
MI espalda aun guarda el dulce perfume de la bella;
aun mis pupilas llaman su claridad de estrella.
¡Oh aroma de su sexo! ¡Oh rosas y alabastros!
¡Oh envidia de las flores y celos de los astros!

QUIRÓN

Cuando del sacro abuelo la sangre luminosa
con la marina espuma formara nieve y rosa,
hecha de rosa y nieve nació la Anadiomena.
Al cielo alzó los brazos la lírica sirena,
los curvos hipocampos sobre las verdes ondas

148

levaron los hocicos; y caderas redondas,
tritónicas melenas y dorsos de delfines
junto a la Reina nueva se vieron. Los confines
del mar llenó el grandioso clamor; el universo
sintió que un nombre harmónico sonoro como un verso
llenaba el hondo hueco de la altura; ese nombre
hizo gemir la tierra de amor: fue para el hombre
más alto que el de Jove; y los númenes mismos
lo oyeron asombrados; los lóbregos abismos
tuvieron una gracia de luz. ¡VENUS impera!
Ella es entre las reinas celestes la primera,
pues es quien tiene el fuerte poder de la Hermosura.
¡Vaso de miel y mirra brotó de la amargura!
Ella es la más gallarda de las emperatrices;
princesa de los gérmenes, reina de las matrices,
señora de las savias y de las atracciones,
señora de los besos y de los corazones.

EURITO

¡No olvidaré los ojos radiantes de Hipodamia!

HIPEA

Yo sé de la hembra humana la original infamia.
Venus anima artera sus máquinas fatales;
tras sus radiantes ojos ríen traidores males;
de su floral perfume se exhala sutil daño;
su cráneo obscuro alberga bestialidad y engaño.
Tiene las formas puras del ánfora, y la risa
del agua que la brisa riza y el sol irisa;
mas la ponzoña ingénita su máscara pregona:
mejores son el águila, la yegua y la leona.
De su húmeda impureza brota el calor que enerva
los mismos sacros dones de la imperial Minerva;

y entre sus duros pechos, lirios del Aqueronte,
hay un olor que llena la barca de Caronte.

ODITES

Como una miel celeste hay en su lengua fina;
su piel de flor aun húmeda está de agua marina.
Yo he visto de Hipodamia la faz encantadora,
la cabellera espesa, la pierna vencedora;
ella de la hembra humana fuera ejemplar augusto;
ante su rostro olímpico no habría rostro adusto;
las Gracias junto a ella quedarían confusas,
y las ligeras Horas y las sublimes Musas
por ella detuvieran sus giros y su canto.

HIPEA

Ella la causa fuera de inenarrable espanto:
por ella el ixionida dobló su cuello fuerte.
La hembra humana es hermana del Dolor y la Muerte.

QUIRÓN

Por suma ley un día llegará el himeneo
que el soñador aguarda: Cenis será Ceneo;
claro será el origen del femenino arcano:
la Esfinge tal secreto dirá a su soberano.

CLITO

Naturaleza tiende sus brazos y sus pechos
a los humanos seres; la clave de los hechos
conócela el vidente; Homero con su báculo,
en su gruta Deifobe, la lengua del Oráculo.

CAUMANTES

El monstruo expresa un ansia del corazón del Orbe,
en el Centauro el bruto la vida humana absorbe,
el sátiro es la selva sagrada y la lujuria,
une sexuales ímpetus a la harmoniosa furia.
Pan junta la soberbia de la montaña agreste
al ritmo de la inmensa mecánica celeste;
la boca melodiosa que atrae en Sirenusa
es de la fiera alada y es de la suave musa;
con la bicorne bestia Pasifae se ayunta,
Naturaleza sabia formas diversas junta,
y cuando tiende al hombre la gran Naturaleza,
el monstruo, siendo el símbolo, se viste de belleza.

GRINEO

Yo amo lo inanimado que amó el divino Hesiodo.

QUIRÓN

Grineo, sobre el mundo tiene un ánima todo.

GRINEO

He visto, entonces, raros ojos fijos en mí:
los vivos ojos rojos del alma del rubí;
los ojos luminosos del alma del topacio
y los de la esmeralda que del azul espacio
la maravilla imitan; los ojos de las gemas
de brillos peregrinos y mágicos emblemas.
Amo el granito duro que el arquitecto labra
y el mármol en que duermen la línea y la palabra...

QUIRÓN

A Deucalión y a Pirra, varones y mujeres
las piedras aun intactas dijeron: "¿Qué nos quieres?"

LÍCIDAS

Yo he visto los lemures flotar, en los nocturnos
instantes, cuando escuchan los bosques taciturnos
el loco grito de Atis que su dolor revela
o la maravillosa canción de Filomela.
El galope apresuro, si en el boscaje miro
manes que pasan, y oigo su fúnebre suspiro.
Pues de la Muerte el hondo, desconocido Imperio,
guarda el pavor sagrado de su fatal misterio.

ARNEO

La Muerte es de la Vida la inseparable hermana.

QUIRÓN

La Muerte es la victoria de la progenie humana.

MEDÓN

¡La Muerte! Yo la he visto. No es demacrada y mustia
ni ase corva guadaña, ni tiene faz de angustia.
Es semejante a Diana, casta y virgen como ella;
en su rostro hay la gracia de la núbil doncella
y lleva una guirnalda de rosas siderales.
En su siniestra tiene verdes palmas triunfales,
y en su diestra una copa con agua del olvido.
A sus pies, como un perro, yace un amor dormido.

AMICO

Los mismos dioses buscan la dulce paz que vierte.

QUIRÓN

La pena de los dioses es no alcanzar la Muerte.

EURITO

Si el hombre –Prometeo– pudo robar la vida,
la clave de la Muerte serále concedida.

QUIRÓN

La virgen de las vírgenes es inviolable y pura.
Nadie su casto cuerpo tendrá en la alcoba obscura,
ni beberá en sus labios el grito de victoria,
ni arrancará a su frente las rosas de su gloria...

* * *

Mas he aquí que Apolo se acerca al meridiano.
Sus truenos prolongados repite el Oceano.
Bajo el dorado carro del reluciente Apolo
vuelve a inflar sus carrillos y sus odres Eolo.
A lo lejos, un templo de mármol se divisa
entre laureles-rosa que hace cantar la brisa.
Con sus vibrantes notas de Céfiro desgarra
la veste transparente la helénica cigarra,
y por el llano extenso van en tropel sonoro
los Centauros, y al paso, tiembla la Isla de Oro.

EL NUEVO RITO

Amado Nervo

I

"Némesis, vieja loba, conozco tus desmanes,
tus dientes han mordido mis carnes de granito:
nací con la sonrisa del divo Aristofanes
y tú la hiciste mueca del pálido Heraclito.

"Yo tuve un culto en Delphos, de luz eran mis manes
hoy negros; era fácil el hoy tedioso rito;
por ti me son hostiles mis padres los titanes
y no hay un sitio para mi risa en lo infinito.

"Ayer me tuteaban los dioses soberanos,
y yo tiraba besos a Zëus a dos manos,
bebiendo el vino dórico de mi lagar... Mas luego

surgió cual monje estéril el dogma que me aflige,
y el diáfano Pontífice Máximo, que rige
la Iglesia, unciome al culto del místico borrego."

II

"Ayer apenas ¡cuánto fulgor en el paisaje!
¡Qué suave desposorio de mitos y de vidas!
Atado iba con cinta de lino el gran follaje
de mis cabellos rubios, y mis áureas cnemidas

"al sol ardían. Era la túnica mi traje,
la túnica que deja contemplar las mullidas
pantorrillas, cubiertas por un vello de encaje:
seda y cosquilla al beso de todas las Armidas.

"... Yo unía en mis discursos con diamantina sarta,
al aticismo heleno la sobriedad de Esparta,
y así recto era el juicio, ¡sabroso era el conceto;

"Juntábanse en mis actos Platón y Alcibïades,
y siendo bello y grave, tenían mis verdades
con amargor de prédicas, almíbar del Himeto".

III

"¿Por qué siguió al Olimpo del Gólgota infecundo
la soledad y, en rapto de amores imprevisto,
las razas empuñaron el lábaro de Cristo
que trajo las tristezas al júbilo del mundo?

"¿Qué mal había hecho la vida a ese iracundo
demoledor? Dyonisos amable: ¡hubieras visto
la sangre de tus uvas en el brebaje mixto
del cáliz, y sus hojas servir de pudibundo

"fajero a las estatuas olímpicas! En vano
radió en defensa tuya la espada de Juliano;
la Humanidad trocaba su primogenitura

"por las lentejas... o por la gloria que se abría;
y yo, ateniense, el sello mostraba en mi tonsura
del Nazareno, esposo de la Melancolía."

IV

Y el ángel de las almas angustias medievales,
radió en la ojiva; cara simbólica de asceta
que sueña en las agujas, medita en los vitrales
y llora con los órganos, y dijo así el esteta:

155

"¿Tristezas?, cierto, pero tristezas ideales.
¿Soledad?, también cierto: la soledad completa
de Dios. ¿Sombras?, sin duda; las de las catedrales:
gritos de fe, hechos carne de roca del planeta.

"Tu Partenón, riente gracilidad, es como
un verso ante el psalterio de piedra de mi domo;
tus ánforas son barro con sexo y con deseo;

"Platón: utopías blancas; Dyonisos: uva y lira...
No tienes más que un héroe sin carne de mentira
y ese héroe es el emblema de Cristo: Prometeo".

V

"Muéstrame un lirio, un lirio, no más, de poesía;
muéstrame un lirio, un lirio tan solo y si atesora
siquiera el blanco de tu marmórea teogonía,
en vez de ser un ángel seré una canefora.

"¿Juno? ¡Pecado ! ¿Venus? ¡Más pecado! ¿La pía
Niobe, fecunda en besos? ¡No! ¿Elena? ¡No! Ilion llora...
Si un lirio hay en tu Olimpo gemelo de María,
rezando un hexámetro de miel iré a tu agora.

"Tu albura envuelve carnes en brama de vestales;
mi albura es toca humilde que nieva en los sayales
de cerda, sobre formas exangües e imprecisas.

"Tú tienes coribantes, yo monjes; tú alborozos,
yo angustias... Pero el mundo, por ir tras mis sollozos,
¡ha dos mil años, Jove, que ensordeció a tus risas!"

AETERNUM VALE

Ricardo Jaimes Freyre

Un dios misterioso y extraño visita la selva.
Es un dios silencioso que tiene los brazos abiertos.
Cuando la hija de Thor espoleaba su negro caballo,
le vio erguirse, de pronto, a la sombra de un añoso fresno.
Y sintió que se helaba su sangre
ante el dios silencioso que tiene los brazos abiertos.

De la fuente de Imer, en los bordes sagrados, más tarde,
la Noche a los dioses absortos reveló el secreto;
El águila negra y los cuervos de Odín escuchaban,
y los cisnes que esperan la hora del canto postrero;
y a los dioses mordía el espanto
de ese dios silencioso que tiene los brazos abiertos.

En la selva agitada se oían extrañas salmodias;
mecía la encina y el sauce quejumbroso viento,
el bisonte y el alce rompían las ramas espesas,
y a través de las ramas espesas huían mugiendo.
En la lengua sagrada de Orga
despertaban del canto divino los divinos versos.

Thor, el rudo, terrible guerrero que blande la maza,
–en sus manos es arma la negra montaña de hierro,–
va a aplastar, en la selva, a la sombra del árbol sagrado,
a ese Dios silencioso que tiene los brazos abiertos.
Y los dioses contemplan la maza rugiente,
que gira en los aires y nubla la lumbre del cielo.

Ya en la selva sagrada no se oyen las viejas salmodias,
ni la voz amorosa de Freya cantando a lo lejos;
agonizan los dioses que pueblan la selva sagrada,
y en la lengua de Orga se extinguen los divinos versos.
Solo, erguido a la sombra de un árbol,
hay un Dios silencioso que tiene los brazos abiertos.

POMONA

José Martí

¡Oh, ritmo de la carne, oh melodía,
Oh licor vigorante, oh filtro dulce
De la hechicera forma! No hay milagro
En el cuento de Lázaro, si Cristo
Llevó a su tumba una mujer hermosa!

¿Qué soy, quién es, sino Mennom en donde
Toda la luz del Universo canta.
Y cauce humilde en el que van revueltas,
Las eternas corrientes de la vida?
Iba, como arroyuelo que cansado
De regar plantas ásperas fenece,
Y, de amor por el noble Sol, transido
A su fuego con gozo se evapora:
Iba, cual jarra que el licor ligero
En el fermento rompe,
Y en silenciosos hilos abandona:
Iba, cual gladiador que sin combate
Del incólume escudo ampara el rostro
Y el cuerpo rinde en la ignorada arena.
... Y súbito, las fuerzas juveniles
De un nuevo mar, el pecho rebosante
Hinchan y embargan, el cansado brío
Arde otra vez, y puebla el aire sano
Música suave y blando olor de mieles !
Porque a mis ojos los brazos olorosos
En armónico gesto alzó Pomona.

DIOSES MUERTOS

Enrique González Martínez

Sueño con una selva lujuriosa y sombría
donde sólo los vientos columpien el ramaje
y donde no perturben el silencio salvaje
más pasos que mis pasos, más voces que la mía.

Donde enhiestos e incólumes los troncos milenarios
hablen de tiempos idos y de viejas edades
cuando en paz con los hombres las rústicas deidades
poblaban los augustos senderos solitarios.

Donde al conjuro mágico que lance mi deseo.
resurja Pan bicorne, y la lira de Orfeo
repueble con sus notas las regiones desiertas...

¡Y allí, mientras se acoplan fogosos y desnudos
con ninfas y hamadríades los sátiros velludos,
vivir, vivir un día con mis deidades muertas!...

BUDISMO

EL MAYA

Amado Nervo

Eres uno con Dios: en tu alma llevas
tu paraíso.
Lo exterior, que te turba y entristece,
no cobra realidad sino en ti mismo:
tú formas las imágenes, y luego
las deseas, trocándolas en ídolos.

El resultado de tus sensaciones
para ti constituye el UNIVERSO,
y son tus sensaciones cualidades
puras de tu mortal entendimiento.
No hay objetividad sino en ti propio:
tú sólo eres tu fin y tu comienzo.

La personalidad es ilusión
de las formas efímeras; los vasos
que contienen el agua son distintos
al parecer, mas uno es el océano
que los llena, y al cual el noble líquido
habrán de restituir en breve plazo.

El fenómeno (relatividad
entre tú y la materia) por ti tiene
vida... Mas tú desdéñalo, recógete
en ti mismo: verás que no te hiere,
y ya libre tu espíritu del MAYA,
en divina quietud nadará siempre.

RENUNCIACIÓN

Amado Nervo

¡Oh, Siddharta Gautama!, tú tenías razón:
las angustias nos vienen del deseo; el edén
consiste en no anhelar, en la renunciación
completa, irrevocable, de toda posesión;
quien no desea nada, dondequiera está bien.

El deseo es un vaso de infinita amargura,
un pulpo de tentáculos insaciables, que al par
que se cortan, renacen para nuestra tortura.
El deseo es el padre del esplín, de la hartura,
¡y hay en él más perfidias que en las olas del mar!

Quien bebe como el Cínico el agua con la mano,
quien de volver la espalda al dinero es capaz,
quien ama sobre todas las cosas al Arcano,
¡ése es el victorioso, el fuerte, el soberano...
y no hay paz comparable con su perenne paz!

LIBERACIÓN

Amado Nervo

I

AYER

Libertad divina, ¿dónde anidarás?
Todo aquí nos liga, todo aquí nos ata.
El hombre, del hombre grillo es, que maltrata.
Cepo despiadado es la Sociedad.

¿En qué orbes remotos, en qué estrella grata
brillas. Libertad?

El TIEMPO, EL ESPACIO, hierros invisibles:
El Amor, el Oro, cadenas nomás.
¿En qué misteriosos planos invisibles
te gozan los dioses fríos y apacibles?
Libertad divina, ¿dónde anidarás?

Libertad, yo tengo la sed de tus besos:
¿cuándo con tus dulces labios rozarás
el marfil de un rostro que lleva ya impresos
nostalgias y anhelos del mundo en que estás¡
Acaso tus ósculos entibien mis huesos...

¡Libertad divina, dónde anidarás!...

II

HOY

¡Canta el divino canto de la liberación!
Tuyo es el don ansiado, tuyo es el sumo don.
Canto el divino canto de la liberación.

Ya sabes lo que el mundo es y lo que tú eres;
ya sabes lo que buscas, ya sabes lo que quieres.
Rompiste ya la malla tenaz de la ilusión.
Canta el divino canto de la liberación.

No más pérfidos lazos ni redes engañosas
que retengan el vuelo de tus alas aquí,
Ya no estás en las cosas;
ellas están en ti.

En ti lo llevas todo,
sin la limitación
del tiempo, del espacio, de la forma y el modo…
En ti lo llevas todo:
¡canta el divino canto de la liberación!

EROTISMO

ITE MISSA EST

Rubén Darío

Yo adoro a una sonámbula con alma de Eloísa,
virgen como la nieve y honda como la mar;
su espíritu es la hostia de mi amorosa misa,
y alzo al son de una dulce lira crepuscular.

Ojos de evocadora, gesto de profetisa,
en ella hay la sagrada frecuencia del altar:
su risa es la sonrisa suave de Monna Lisa;
sus labios son los únicos labios para besar.

Y he de besarla un día con rojo beso ardiente;
apoyada en mi brazo como convaleciente
me mirará asombrada con íntimo pavor;

la enamorada esfinge quedará estupefacta;
apagaré la llama de la vestal intacta
¡y la faunesa antigua me rugirá de amor!

CARNE, CELESTE CARNE

Rubén Darío

¡Carne, celeste carne de la mujer! Arcilla
–dijo Hugo–, ambrosía más bien ¡oh maravilla!
La vida se soporta,
tan doliente y tan corta,
solamente por eso:
¡roce, mordisco o beso
en ese pan divino
para el cual nuestra sangre es nuestro vino!
En ella está la lira,
en ella está la rosa,
en ella está la ciencia armoniosa,
en ella se respira
el perfume vital de toda cosa.

Eva y Cipris concentran el misterio
del corazón del mundo.
Cuando el áureo Pegaso
en la victoria matinal se lanza
con el mágico ritmo de su paso
hacia la vida y hacia la esperanza,
si alza la crin y las narices hincha
y sobre las montañas pone el casco sonoro
y hacia la mar relincha,
y el espacio se llena
de un gran temblor de oro,
es que ha visto desnuda a Anadiomena.

Gloria, ¡oh, Potente a quien las sombras temen!
¡Que las más blancas tórtolas te inmolen!
¡Pues por ti la floresta está en el polen
y el pensamiento en el sagrado semen!
Gloria, ¡oh, Sublime que eres la existencia,

por quien siempre hay futuros en el útero eterno!
¡Tu boca sabe al fruto del árbol de la Ciencia
y al torcer tus cabellos apagaste el infierno!

Inútil es el grito de la legión cobarde
del interés, inútil el progreso
yankee, si te desdeña.
Si el progreso es de fuego, por ti arde,
¡Toda lucha del hombre va a tu beso,
por ti se combate o se sueña!
Pues en ti existe Primavera para el triste,
labor gozosa para el fuerte,
néctar, Ánfora, dulzura amable.
¡Porque en ti existe
el placer de vivir hasta la muerte
y ante la eternidad de lo probable!...

LITURGIA ERÓTICA

Julio Herrera y Reissig

En tus pendientes de ópalos malditos
y en tu collar de rojos sacrilegios,
fulgió un Walhalla de opulentos mitos
y una Bagdad de Califatos regios...

Ante los religiosos monolitos,
al mago influjo de tus sortilegios,
grabé a tus plantas, zócalos egregios,
la efigie de mis besos eruditos.

Y fui tu dueño... Entre devotas pomas,
sacrifiqué gacelas y palomas...
Después, en una gloria de fagotes,

surgiste hacia los tálamos votivos,
sobre una alfombra, negra de cautivos,
bajo el silencio de los sacerdotes.

PARADISIACA

Leopoldo Lugones

Cabe una rama en flor busqué tu arrimo.
La dorada serpiente de mis males
Circuló por tus púdicos cendales
Con la invasora suavidad de un mimo.

Sutil vapor alzábase del limo
Sulfurando las tintas otoñales
Del Poniente, y brillaba en los parrales
la transparencia ustoria del racimo.

Sintiendo que el azul nos impelía
Algo de Dios, tu boca con la mía
se unieron en la tarde luminosa,

Bajo el caduco sátiro de yeso.
Y como de una cinta milagrosa
Ascendí suspendido de tu beso.

AMÉMONOS

Juana de Ibarbourou

Bajo las alas rosa de este laurel florido,
Amémonos. El viejo y eterno lampadario
De la luna ha encendido su fulgor milenario
Y este rincón de hierba tiene calor de nido.

Amémonos. Acaso haya un fauno escondido
Junto al tronco del dulce laurel hospitalario
Y llore al encontrarse sin amor, solitario,
Mirando nuestro idilio frente al prado dormido.

Amémonos. La noche clara, aromosa y mística,
Tiene no sé qué suave dulzura cabalística.
Somos grandes y solos sobre la haz de los campos.

Y se aman las luciérnagas entre nuestros cabellos,
Con estremecimientos breves como destellos
De vagas esmeraldas y extraños crisolampos.

EL FUERTE LAZO

Juana de Ibarbourou

Crecí
Para ti.
Tálame. Mi acacia
Implora a tus manos su golpe de gracia.

Florí
Para ti.
Córtame. Mi lirio
Al nacer dudaba ser flor o ser cirio.

Fluí
Para ti.
Bébeme. El cristal
Envidia lo claro de mi manantial.

Alas di
Por ti.
Cázame. Falena,
Rodeé tu llama de impaciencia llena.

Por ti sufriré.
¡Bendito sea el daño que tu amor me dé!
¡Bendita sea el hacha, bendita la red,
Y loadas sean tijeras y sed!

Sangre del costado
manaré, mi amado.
¿Qué broche más bello, qué joya más grata,
que por ti una llaga color escarlata?

En vez de abalorios para mis cabellos
siete espinas largas hundiré entre ellos.
Y en vez de zarcillos pondré en mis orejas,
como dos rubíes, dos ascuas bermejas.

Me verás reír
Viéndome sufrir.
Y tú llorarás.
Y entonces... ¡más mío que nunca serás!

MISA NEGRA

José Juan Tablada

¡Emen Hethan!
(Cri des Syrges au Sabat)

¡Noche de sábado! Callada
está la tierra y negro el cielo;
late en mi pecho una balada
de doloroso ritornelo

El corazón desangra herido
bajo el cilicio de las penas
y corre el plomo derretido
de la neurosis en mis venas

¡Amada ven!...¡Dale a mi frente
el edredón de tu regazo
y a mi locura dulcemente,
lleva a la cárcel de tu abrazo!

¡Noche de sábado! En tu alcoba
hay perfume de incensario,
el oro brilla y la caoba
tiene penumbras de sagrario.

Y allá en el lecho do reposa
tu cuerpo blanco, reverbera
como custodia esplendorosa
tu desatada cabellera.

Toma el aspecto triste y frío
de la enlutada religiosa
y con el traje más sombrío
viste tu carne voluptuosa.

Con el murmullo de los rezos
quiero la voz de tu ternura,
y con el óleo de mis besos
ungir de diosa tu hermosura.

Quiero cambiar el grito ardiente
de mis estrofas de otros días,
por la salmodia reverente
de las unciosas letanías;

quiero en las gradas de tu lecho
doblar temblando la rodilla
y hacer del ara de tu pecho
y de tu alcoba la capilla…

Y celebrar ferviente y mudo,
sobre tu cuerpo seductor,
lleno de esencias y desnudo
¡la Misa Negra de mi amor!

CUENTAS DE FUEGO

Delmira Agustini

Cerrar la puerta cómplice con rumor de caricia,
Deshojar hacia el mal el lirio de una veste...
–La seda es un pecado, el desnudo es celeste;
Y es un cuerpo mullido un diván de delicia.

Abrir brazos...así todo ser es alado,
O una cálida lira dulcemente rendida
De canto y de silencio...más tarde, en el helado
Más allá de un espejo, como un lago inclinado,
Ver la olímpica bestia que elabora la vida...
Amor rojo, amor mío;
Sangre de mundos y rubor de cielos...
¡Tú me los des, Dios mío!

CUENTAS DE MÁRMOL

Delmira Agustini

Yo, la estatua de mármol con cabeza de fuego,
Apagando mis sienes en frío y blanco ruego...

Engarzad en un gesto de palmera o de astro
Vuestro cuerpo, esa hipnótica alhaja de alabastro
Tallada a besos puros y bruñida en la edad;
Sereno, tal habiendo la luna por coraza;
Blanco, más que si fuerais la espuma de la Raza,
Y desde el tabernáculo de vuestra castidad,
Nevad a mí los lises hondos de vuestra alma;
Mi sombra besará vuestro manto de calma,
Que creciendo, creciendo me envolverá con Vos;
Luego será mi carne en la vuestra perdida...
Luego será mi alma en la vuestra diluida...
Luego será la gloria... y seremos un dios!
–Amor de blanco y frío,
Amor de estatuas, lirios, astros, dioses...
¡Tú me los des, Dios mío!

ESTETICISMO

EL CISNE ENFERMO

Alfonsina Storni

Hay un cisne que muere cercado en un palacio.
Un cisne misterioso de ropaje de seda
Que en vez de deslizarse en la corriente leda
Se estanca fatigado de mirar el espacio.

El cisne es un enfermo que adora al Dios de Oro;
El sol, padre de razas, fecunda su agonía.
Por eso su tristeza es una sinfonía
De flores que se entreabren en las sombras del lloro.

Tiene el pecho cruzado por un loco puñal,
Gota a gota su sangre se diluye en el lago
Y las aguas azules se encantan bajo el mago
Poder de los rubíes que destila su mal.

El alma de este cisne es una sensitiva…
No levantéis la voz al lado del estanque
Si no queréis que el cisne con el pico se arranque
El puñal que sostiene su existencia furtiva.

Cuentan viejas leyendas que está enfermo de amor.
Que el corazón enorme se le ha centuplicado
Y que tiene en la entraña como el Crucificado
Un dolor que cobija todo humano dolor.

Y cuentan las leyendas que es un cisne-poeta…
Que la magia del ritmo le ha ungido la garganta
Y canta porque sí, como el arroyo canta
la rima cristalina de su corriente inquieta.
....
Yo he soñado una noche que el viejo palacio
era el cisne cansado de mirar el espacio.

SED DE BELLEZA

José Martí

Solo, estoy solo: viene el verso amigo,
Como el esposo diligente acude
De la erizada tórtola al reclamo.
Cual de los altos montes en deshielo
Por breñas y por valles en copiosos
Hilos las nieves desatadas bajan
Así por mis entrañas oprimidas
Un balsámico amor y una avaricia
Celeste de hermosura se derraman.
Tal desde el vasto azul, sobre la tierra,
Cual si de alma de virgen la sombría
Humanidad sangrienta perfumasen,
Su luz benigna las estrellas vierten
Esposas del silencio! –y de las flores
Tal el aroma vago se levanta.

Dadme lo sumo y lo perfecto: dadme
Un dibujo de Angelo: una espada
Con puño de Cellini, más hermosa
Que las techumbres de marfil calado
Que se place en labrar Naturaleza.
El cráneo augusto dadme donde ardieron
El universo Hamlet y la furia
Tempestuosa del moro: –la manceba
India que a orillas del ameno río
Que del viejo Chichén los muros baña
A la sombra de un plátano pomposo
Y sus propios cabellos, el esbelto

184

Cuerpo bruñido y nítido enjugaba.
Dadme mi cielo azul..., dadme la pura,
La inefable, la plácida, la eterna
Alma de mármol que al soberbio Louvre
Dio, cual su espuma y flor, Milo famosa.

SILENTER

Enrique González Martínez

En mármoles pentélicos, en bloques de obsidiana
o en bronces de Corinto esculpe tu presea,
el orto de Afrodita, el triunfo de Frinea
o un lance cinegético de las ninfas de Diana.

No importa que ante el símbolo de tu visión pagana
se abata o regocije la turba que vocea;
dales forma a tus ansias, cristaliza tu idea
y aguarda altivamente una aurora lejana.

Que un sagrado silencio del bullicio te aparte;
enciérrate en los muros del recinto del arte
y tu ideal repule titánico o pequeño;

sírvate la belleza de coraza y escudo,
y sordo ante el aplauso y ante la befa mudo,
envuélvete en la nube prestigiosa del sueño.

PROFESIÓN DE FE

Leopoldo Díaz

El puro y alto amor de la Belleza,
de la Virtud y la Verdad me inflama,
y devorado por la triple llama
inclino en sus altares la cabeza.

Adorando la gran Naturaleza
como todo lo excelso y noble se ama,
sordo a las vanidades de la fama,
vivo en la torre azul de mi tristeza.

Cincelo el mármol de la estrofa; el duro
bronce de las estatuas del futuro;
a las cumbres dirijo el Pensamiento;

embriágome de luz y de harmonía,
y decoro misales cada día
como los monjes del Renacimiento.

LA DEA

Rubén Darío

ALBERTO, en el propíleo del tiempo soberano
donde Renan rezaba, Verlaine cantado hubiera.
Primavera una rosa de amor tiene en la mano
y cerca de la joven y dulce Primavera

Término su sonrisa de piedra brinda en vano
a la desnuda náyade y a la ninfa hechicera
que viene a la soberbia fiesta de la pradera
y del boscaje, en busca del lírico Sylvano.

Sobre su altar de oro se levanta la Dea, —
tal en su aspecto icónico la virgen bizantina —
toda belleza humana ante su luz es fea;

Toda visión humana, a su luz es divina:
y esa es la virtud sacra de la divina Idea
cuya alma es una sombra que todo lo ilumina.

TORRES DE DIOS!, POETAS!

Rubén Darío

Torres de Dios! Poetas!
Pararrayos celestes,
que resistís las duras tempestades,
como crestas escuetas,
como picos agrestes,
rompeolas de las eternidades!

La mágica esperanza anuncia un día
en que sobre la roca de armonía
expirará la pérfida sirena.
¡Esperad, esperemos todavía!

Esperad todavía.
El bestial elemento se solaza
en el odio a la sacra poesía
y se arroja baldón de raza a raza.
La insurrección de abajo
tiende a los Excelentes.
El caníbal codicia su tasajo
con roja encía y afilados dientes.

Torres, poned al pabellón sonrisa.
Poned ante ese mal y ese recelo,
una soberbia insinuación de brisa
y una tranquilidad de mar y cielo...

EL POETA LEVA EL ANCLA

Delmira Agustini

El ancla de oro canta... la vela azul asciende
Como el ala de un sueño abierta al nuevo día.
                    ¡Partamos, musa mía!
Ante la prora alegre un bello mar se extiende.

En el oriente claro como un cristal, esplende
El fanal sonrosado de Aurora. Fantasía
Estrena un raro traje lleno de pedrería
Para vagar brillante por las olas.

                    Ya tiende
La vela azul a Eolo su oriflama de raso...
¡El momento supremo!... Yo me estremezco; ¿acaso
Sueño lo que me aguarda en los mundos no vistos?...

¿Acaso un fresco ramo de laureles fragantes,
El toisón reluciente, el cetro de diamantes,
El naufragio o la eterna corona de los Cristos?...

A LA BELLEZA

Julián del Casal

¡Oh, divina Belleza! Visión casta
     de incógnito santuario,
yo muero de buscarte por el mundo
     sin haberte encontrado.
Nunca te han visto mis inquietos ojos,
     pero en el alma guardo
intuición poderosa de la esencia
     que anima tus encantos.
Ignoro en qué lenguaje tú me hablas,
     pero, en idioma vago,
percibo tus palabras misteriosas
     y te envío mis cantos.
Tal vez sobre la Tierra no te encuentre,
     pero febril te aguardo,
como el enfermo, en la nocturna sombra,
     del Sol el primer rayo.
Yo sé que eres más blanca que los cisnes,
     más pura que los astros,
fría como las vírgenes y amarga
     cual corrosivos ácidos.
Ven a calmar las ansias infinitas
     que, como mar airado,
impulsan el esquife de mi alma
     hacia país extraño.
Yo sólo ansío, al pie de tus altares,
     brindarte en holocausto
la sangre que circula por mis venas
     y mis ensueños castos.
En las horas dolientes de la vida
     tu protección demando,
como el niño que marcha entre zarzales
     tiende al viento los brazos.

Quizás como te sueña mi deseo
        estés en mí reinando,
mientras voy persiguiendo por el mundo
        las huellas de tu paso.
Yo te busqué en el fondo de las almas
        que el mal no ha mancillado
y surgen del estiércol de la vida
        cual lirios de un pantano.
En el seno tranquilo de la ciencia
        que, cual tumba de mármol,
guarda tras la bruñida superficie
        podredumbre y gusanos.
En brazos de la gran Naturaleza,
        de los que hui temblando
cual del regazo de la madre infame
        huye el hijo azorado.
En la infinita calma que se aspira
        en los templos cristianos
como el aroma sacro de incienso
        en ardiente incensario.
En las ruinas humeantes de los siglos,
        del dolor en los antros
y en el fulgor que irradian las proezas
        del heroísmo humano.
Ascendiendo del Arte a las regiones
        sólo encontré tus rasgos
de un pintor en los lienzos inmortales
        y en las rimas de un bardo.
Mas como nunca en mi áspero sendero
        cual te soñé te hallo,
moriré de buscarte por el mundo
        sin haberte encontrado.

MÚSICA

Amado Nervo

Dijo el poeta al numen: «Ya que inspirarme quieres,
inspírame algo nuevo,
que jamás por los hombres haya sido pensado...

"Ancho es el Cosmos, numen; tan ancho, tan profundo,
que ni siquiera logra la razón asignarle
un límite... Y en este semillero de soles,
de mundos, de cometas, de nebulosas tenues
como mantos de hadas,
como la tela misma del ensueño, ¿no puedes
tú, invisible potencia, mente sutil y pura,
cosechar el gran lirio
de un pensamiento nunca por los hombres pensado?

"Tiende las alas, numen,
las alas impalpables.
Boga como un gran soplo sobre el mar de las causas.
Contempla los jardines místicos que florecen
en lejanos planetas;
escucha al ave de oro que derrama sus trinos
en los bosques de Venus,
al borde de los anchos canales del rojizo
Marte o en los milagrosos anillos de Saturno.
Salva nuestro sistema, y al Alfa del Centauro,
sol duplo y el más próximo
de nuestro sol, acércate.
Llega a Sirio si puedes: ígneo coloso azul,
cuyo «punto de vista» preocupaba a Renán. . .
Escucha a los filósofos
que en algún manso valle de algún remoto mundo,
departen de las cosas arcanas y esenciales.

"Y cuando vuelvas, todo salpicado del trémulo
y diamantino polvo de las constelaciones,
numen, dime al oído tu hallazgo prodigioso,
a fin de que, expresándolo, me torne yo inmortal".

Y el numen le responde: «¡La idea que codicias
existe, y yo te diera sus divinas primicias;
pero tú no eres músico, y ella es toda orquestal!

"Sólo las claves, sólo las pautas y las notas,
revelarán al mundo sus bellezas ignotas.
Platón oyó a los orbes su concierto ideal,
y Beethoven, a veces, lo escuchó en el mutismo
nocturno. Todo es música: los astros, el abismo,
las almas... ¡y Dios mismo
es un Dios musical!"

DECADENTISMO

LÁZARO

José Asunción Silva

–¡Ven, Lázaro! gritóle
el Salvador, y del sepulcro negro
el cadáver alzóse entre el sudario,
ensayó caminar, a pasos trémulos,
olió, palpó, miró, sintió, dio un grito
y lloró de contento.

Cuatro lunas más tarde, entre las sombras
del crepúsculo oscuro en el silencio
del lugar y la hora, entre las tumbas
de antiguo cementerio
Lázaro estaba sollozando a solas
y envidiando a los muertos.

RESURREXIT

José Asunción Silva

Para qué arrepentirnos, si es bastante
a purgar nuestro mísero pecado
el doliente recuerdo de un pasado
cada vez más cercano y más distante;

Si no hemos de encontrar más adelante
todo lo que nos hubo conturbado,
ni las bocas que ya nos han besado
ni el loco amor ni la caricia amante,

Ríe y no te arrepientas, que mañana
nuestras dos almas solas irán juntas
a explorar los misterios del Nirvana…

Mientras que Magdalena, la divina,
entre el coro de vírgenes difuntas
hace un triste papel de celestina.

OREMUS

Amado Nervo

Oremos por las nuevas generaciones,
abrumadas de tedios y decepciones;
con ellas en la noche nos hundiremos.
Oremos por los seres desventurados,
de moral impotencia contaminados...
        ¡Oremos!

Oremos por la turba que a crüel prueba
sometida, se abate sobre la gleba;
galeote que agita siempre los remos
en el mar de la vida revuelto y hondo,
danaide que sustenta tonel sin fondo...
        ¡Oremos!

Oremos por los místicos, por los neuróticos
nostálgicos de sombra, de templos góticos
y de cristos llagados, que con supremos
desconsuelos recorren su ruta fiera,
levantando sus cruces como bandera.
        ¡Oremos!

Oremos por los que odian los ideales,
por los que van cegando los manantiales
de amor y de esperanza de que bebemos,
y derrocan al Cristo con saña impía,
y después lloran, viendo l'ara vacía.
        ¡Oremos!

Oremos por los sabios, por el enjambre
de artistas exquisitos que mueren de hambre.
¡Ay!, el pan del espíritu les debemos,

aprendimos por ellos a alzar las frentes,
y helos pobres, escuálidos, tristes, dolientes...
                    ¡Oremos!

Oremos por las células de donde brotan
ideas-resplandores, y que se agotan
prodigando su savia: no las burlemos.
¿Qué fuera de nosotros sin su energía?
Oremos por el siglo, por su agonía
del Suicidio en las negras fauces...
                                ¡Oremos!

LA NOVICIA

Julio Herrera y Reissig

Surgiste, emperatriz de los altares,
Esposa de tu dulce Nazareno,
Con tu atavío vaporoso, lleno
De piedras, brazaletes y collares.

Celoso de tus júbilos albares,
El ataúd te recogió en su seno,
Y hubo en tu místico perfil un pleno
Desmayo de crepúsculos lunares.

Al contemplar tu cabellera muerta,
Avivóse en tu espíritu una incierta
huella de amor. Y mientras que los bronces

Se alegraban, brotaron tus pupilas
Lágrimas que ignoraran hasta entonces
La senda en flor de tus ojeras lilas.

MISA BÁRBARA

Julio Herrera y Reissig

Trofeo en el botín de los combates,
Propiciadora del Moloch asirio,
Fue tu cautiva doncellez de lirio,
Ofrenda de guerreros y magnates.

Ardía el catafalco. Ante el Eufrates,
Que ensangrentó el rubor de tus martirios,
Sonreíste, entre lámparas y cirios,
Al gemebundo réquiem de los vates.

Sobre la hoguera de los sacrificios,
Chirrió tu carne, mirra de suplicios…
Entonces los egregios Zoroastros,

En un inmenso gesto de exterminio,
Erizaron sus barbas de aluminio,
Supramundanamente, hacia los astros.

El SUEÑO

Julio Herrera y Reissig

Pediré cuando me muera,
Que me pongan por sudario
Tu divina cabellera,
Y tu corazón a modo de divino escapulario…
A la fosa del olvido iré más tarde a soñar.
Llegará el día del Juicio…Cuando la trompeta austera
Llame a los muertos–¡inútil!–yo no querré despertar

HASTÍO

Juana de Ibarbourou

Magdalena: yo a veces envidio lo que fuiste.
Me aburre esta existencia tan monótona y triste.
Hoy daría mi alma por los mil esplendores
Y el vértigo de abismo de tus cien mil amores.

Y después, el sayal gris de los penitentes.
¿Qué importa? Hoy es mi alma un nido de serpientes.
Me vengo del hastío ensoñando el pecado,
Y siento entre mis labios la miel de lo vedado.

El inmenso bostezo de mi paz cambiaría
Por el barro dorado de tus noches de orgía,
Para luego ofrendarlo en un gran vaso lleno

De ungüento de nardos, al rubio Nazareno.
Hoy daría mi alma por los mil esplendores
Y el vértigo de abismo de tus cien mil amores!

EL POEMA DE LOS SIETE PECADOS

Enrique González Martínez

I

En la opalina niebla se apareció la cumbre;
yo estaba junto a un árbol romántico y sonoro,
y el sol pujante y nuevo, con su pincel de oro,
sobre la vieja cima puso un airón de lumbre.

Dominadora y ágil, la matinal vislumbre
desperezó la selva, y al palpitante lloro
de vientos y de cantos, el diamantino coro
de estrellas indecisas huyó de la techumbre.

Y quise la soberbia azul de la montaña
que olvida los boscajes, que ignora la campaña,
y a cuyo pie borbotan y se retuercen ríos;

soberbia que no escucha, orgullo que no deja
llegarse a la plegaria, mientras la humana queja
ansiosamente surca los ámbitos vacíos.

II

Y como fue la hora en que el vivir inicia
su plenitud magnánima, absorto en la presencia
del repentino triunfo, cruzó por mi conciencia
el soplo huracanado de sórdida avaricia.

Y quise ser el hombre que guarda y acaricia
los hurtos de sus años al fin de la existencia,
y acapararlo todo, las formas y la esencia,
en sed inextinguible y en fiebres de codicia.

Y cuando ya en tinieblas dormitan las corolas
y acállanse los trinos, abrir mi cofre a solas,
mi cofre que revienta de gemas estelares,

porque mis ojos vieran en mágico derroche
diamantes desprendidos del manto de la noche
y perlas arrancadas al seno de los mares.

III

Un acre olor de polen contaminó los vuelos
de las nocturnas auras. . . La lumbre vespertina
de antorchas crepitantes subió por la colina
y fue voraz efluvio de eróticos anhelos.

La desnudez en fuga se desciñó los velos
urgida por la fiebre que abrasa y que culmina,
y la espiral gigante de fuego y de resina
con ósculos de llamas empurpuró los cielos.

En vano por los aires vibra, cadencia pura,
del délfico mensaje . . . En noches de locura,
otro cantar se cierne sobre la vida incauta.

Ya desató la viña sus manantiales rojos. . .
¡Y ay del que vio a Dionisos de chispeantes ojos
y del que oyó entre sueños la turbadora flauta!

IV

¡Oh tú que vas buscando la cristiana fuente
y ves las turbias ondas del mal y la mentira!
En tu conciencia prócer ya despertó la ira
y de rubor augusto se enrojeció tu frente.

Odias la vida falsa, el numen impotente
y la canción sin nervios de emasculada lira,
y en versos flagelantes, la fiebre que te inspira,
cae sobre los hombres como una lava hirviente.

En el rodar sin tregua de noches y de auroras,
impávida ante el paso furtivo de las horas,
tu cólera vigila magnánima y robusta.

Ni sueño ni cansancio. . . ¡Ha de seguir mañana
sellando carnes flojas de la ignominia humana
con rúbricas de fuego la sibilante fusta!

V

Tantálico suplicio mi corazón tortura.
En vano ven mis ojos el pasmo de la vida.
Se aleja de mis labios la fruta apetecida,
y de mi sed ardiente huye la linfa pura.

¡Oh excelsitud nevada, oh campos de verdura,
oh selvas rumorosas, oh llama inextinguida
del sol! . . .A mis deseos guardasteis escondida
la integridad que anhela mi espiritual locura.

¡Oh vida, mar de espumas! Mi afán que no se agota
quiso apurar tus linfas, y apenas una gota
cayó sobre mis ansias de tu hervoroso armiño.

Y fue tu don inútil, como al humano ruego
la lágrima de un hombre, como la arista al fuego,
y como guinda frágil a la avidez de un niño.

VI
Te envidio, blanca estrella, que en el cenit prendida
ostentas a mis ojos lumínica prestancia,

y sabia en el silencio azul de la distancia,
te asomas al profundo misterio de la vida.

Y a ti, piedra sin alma, que yaces escondida
en húmeda caverna, inmóvil en tu estancia,
ausente de ti misma, dichosa en la ignorancia
de tu callar eterno, y en tu quietud dormida.

Estrella, tú que sabes la esencia de las cosas,
y tú, callada piedra, que inánime reposas,
os libertáis del fiero castigo de la duda.

¡Por vuestro sino augusto trocara mi tormento
de ser, en los vaivenes de un loco pensamiento,
despavorida sombra frente a la esfinge muda!

VII

Absorto en el divino silencio de la estrella,
en un sopor augusto cayeron mis sentidos;
ahogó la densa noche rumores y latidos,
y se apagó la llama y mi inquietud con ella.

Aquel callar del mundo borró la última huella
de luchas anteriores; los cánticos dormidos,
con música sin notas besaban mis oídos
y en la absoluta calma la vida era más bella.

Enaltecí mi sueño, y quise hundirme a solas
en piélago sin playas de sosegadas olas,
como la piedra dócil en el azul remanso.

Y vi que el alma entonces tornábase más pura,
soberbia en su abandono, brillante en su negrura,
sonora en su silencio y activa en su descanso.

CRISTIANISMO

RECREACIONES BÍBLICAS

EL CAMINO DE DAMASCO

Julián del Casal

Lejos brilla el Jordán de azules ondas
que esmalta el sol de lentejuelas de oro,
atravesando las tupidas frondas,
pabellón verde del bronceado toro.

Del majestuoso Líbano en la cumbre
erige su ramaje el cedro altivo,
y del día estival bajo la lumbre
desmaya en los senderos el olivo.

Piafar se escuchan árabes caballos
que a través de la cálida arboleda,
van levantando con sus férreos callos
en la ancha ruta, opaca polvareda.

Desde el confín de las lejanas costas
sombreadas por los ásperos nopales,
enjambres purpurinos de langostas
vuelan a los ardientes arenales.

Ábrense en las llanuras las cavernas
pobladas de escorpiones encarnados,
y al borde de las límpidas cisternas
embalsaman el aire los granados.

En fogoso corcel de crines blancas,
lomo robusto, refulgente casco,
belfo espumante y sudorosas ancas,
marcha por el camino de Damasco

Saulo y eleva su bruñida lanza
que a los destellos de la luz febea,
mientras el bruto relinchando avanza,
entre nubes de polvo centellea.

Tras las hojas de oscuros olivares
mira de la ciudad los minaretes,
y encima de los negros almenares
ondear los azulados gallardetes.

Súbito, desde lóbrego celaje
que desgarró la luz de hórrido rayo,
oye la voz de célico mensaje,
cae transido de mortal desmayo,

bajo el corcel ensangrentado rueda,
su lanza estalla con vibrar sonoro
y, a los reflejos de la luz, remeda
sierpe de fuego con escamas de oro.

PEREGRINOS

Salvador Díaz Mirón

Ambos justos recorren la campiña serena
y van por el camino conducente a Emaús.
Encórvanse agobiados por una misma pena:
el desastre del Gólgota, la muerte de Jesús.

El soplo de la tarde perfuma y acaricia,
y aquellos transeúntes hablan de la Pasión.
Y en cada tosco pecho, desnudo de malicia,
se ve saltar la túnica, latir el corazón.

A los cautos discípulos la fe insegura enoja
y los míseros dudan, como Pedro en el mar.
Ocurre que aún los buenos olvidan de congoja
que la virtud estriba en creer y esperar.

Cadena de montículos, cuadros de sembradura,
y sangrando en la hierba la lis y el ababol;
y entre filas de sauces de pródiga verdura,
la vía que serpea, encharcada de sol.

La pareja trasuda, compungida y huraña,
en la impúdica gloria de tan pérfido abril,
y el susurro que suena en las hojas amaña
siseos cual de turba profanadora y vil.

Los pobres compañeros se rinden al quebranto
y de súbito miran a su lado al Señor...
Pero los ojos, turbios al arbitrio del Santo,
se confunden, no aciertan a pesar del amor.

El Maestro, venido en sazón oportuna,
acrimina y exhorta más dulce que cruel;

y enseñando cautiva, pues en la voz aduna
armonía y fragancia y resplandor y miel.

Y pregunta y responde a la gente sencilla...
Marcha rizos al viento y razona la Cruz.
El pie bulle y se torna, y la planta le brilla
como al remo la pala, que surgida es de luz.

Los andantes arriban al villorrio indolente
que salubre y bucólico huele a mística paz,
y las mozas que acuden al pretil de la fuente
los acogen con risas de indiscreto solaz.

Y los tres se introducen en humilde casona…
Y en la rústica mesa, la Sagrada Persona
parte, bendice y gusta la caliente borona…
y disípase luego, como el humo fugaz.

LAS DOS CABEZAS

Guillermo Valencia

> *Omnis plaga tristitia cordis est et*
> *omnis malitia, nequitia mulieris.*
> El Eclesiástico

Judith y Holofernes
Tesis

Blancos senos, redondos y desnudos, que al paso
de la hebrea se mueven bajo el ritmo sonoro
de las ajorcas rubias y los cintillos de oro,
vivaces como estrellas sobre la tez de raso.

Su boca, dos jacintos en indecible vaso,
da la sutil esencia de la voz. Un tesoro
de miel hincha la pulpa de sus carnes. El lloro
no dio nunca a esa faz languideces de ocaso.

Yacente sobre un lecho de sándalo, el Asirio
reposa fatigado, melancólico cirio
los objetos alarga y proyecta en la alfombra...

Y ella, mientras reposa la bélica falange
muda, impasible, sola, y escondido el alfanje,
para el trágico golpe se recata en la sombra.

* * *

Y ágil tigre que salta de tupida maleza,
se lanzó la israelita sobre el héroe dormido,
y de doble mandoble, sin robarle un gemido,
del atlético tronco desgajó la cabeza.

217

Como de ánforas rotas, con urgida presteza,
desbordó en oleadas el carmín encendido,
y de un lago de púrpura y de sueño y de olvido,
recogió la homicida la pujante cabeza.

En el ojo apagado, las mejillas y el cuello,
de la barba, en sortijas, al ungido cabello
se apiñaban las sombras en siniestro derroche

sobre el lívido tajo de color de granada...
y fingía la negra cabeza destroncada
una lúbrica rosa del jardín de la Noche.

* * *

Salomé y Joakanann
Antítesis

Con un aire maligno de mujer y serpiente,
cruza en rápidos giros Salomé la gitana
al compás de los crótalos. De su carne lozana
vuela equívoco aroma que satura el ambiente.

Danza todas las danzas que ha tejido el Oriente:
las que prenden hogueras en la sangre liviana
y a las plantas deshojan de la déspota humana
o la flor de la vida, o la flor de la mente.

Inyectados los ojos, con la faz amarilla,
el caduco Tetrarca se lanzó de su silla
tras la hermosa, gimiendo con febril arrebato:

«Por la miel de tus besos te daré Tiberiades»,
y ella dícele: «En cambio de tus muertas ciudades,
dame a ver la cabeza del Esenio en un plato».

Como viento que cierra con raquítico arbusto,
en el viejo magnate la pasión se desata,
y al guiñar de los ojos, el esclavo que mata
apercibe el acero con su brazo robusto.

Y hubo grave silencio cuando el cuello del Justo,
suelto en cálido arroyo de fugaz escarlata,
ofrecieron a Antipas en el plato de plata
que él tendió a la sirena con medroso disgusto.

Una lumbre que viene de lejano infinito
da a las sienes del mártir y a su labio marchito
la blancura llorosa de cansado lucero.

Y –del mar de la muerte melancólica espuma–
la cabeza sin sangre del esenio se esfuma
en las nubes de mirra de sutil pebetero.

La palabra de Dios
Síntesis

Cuando vio mi poema Jonatás el Rabino
(el espíritu y carne de la bíblica ciencia),
con la risa en los labios me explicó la sentencia
que soltó la Paloma sobre el Texto divino.

"Nunca pruebes, me dijo, del licor femenino,
que es licor de mandrágoras y destila demencia;
si lo bebes, al punto morirá tu conciencia,
volarán tus canciones, errarás el camino».

Y agregó: «Lo que ahora vas a oír no te asombre:
la mujer es el viejo enemigo del hombre;
sus cabellos de llama son cometas de espanto.

Ella libra la tierra del amante vicioso,
y Ella calma la angustia de su sed de reposo
con el jugo que vierten las heridas del santo".

LA OFRENDA DE HERODES

Leopoldo Lugones

I

Hinchado el cuello de incitante escorzo,
Y cimbrenado su flexible torso
Con nerviosa elegancia de pantera,
Danza la hermosa hebrea ante el Tetrarca,
Cuya mirada voluptuosa abarca
La escultura triunfal de su cadena.

El arpa en su vibrante nervadura
Hila los ritmos de la danza impura,
Y cuando el paso bárbaro termina,
Con viril insolencia de sicario
Manifiesta el intento sanguinario
La boca de la virgen asesina.

II

En el regio vestíbulo aparece
Torvo idumeo, que impasible ofrece
En cincelado plato, helada y yerta,
Una cabeza que segó el degüello
Y sangra el tajo del robusto cuello
Cual la corola de una rosa abierta.

Anubla las arrugas de la frente
Que cincelara en cobre el sol de Oriente,
Una sorda tormenta que reposa.
Y al postrer crispamiento en que agoniza,
En los siniestros pómulos se eriza
El bosque de la barba tenebrosa.

III

Frío mortal sobre la Corte baja:
La inmensa palidez que la amortaja
Se ha encendido en relámpago de enojos:
Y vibrando fatídico reproche
Un rayo cruza el fondo de la noche
Que duerme en el abismo de sus ojos

SONETO PASCUAL

Rubén Darío

María estaba pálida y José el carpintero:
miraban en los ojos de la faz pura y bella
el celeste milagro que anunciaba la estrella
do ya estaba el martirio que aguardaba el Cordero.

Los pastores cantaban muy despacio, y postrero
iba un carro de arcángeles que dejaba su huella;
apenas se miraba lo que Aldebarán sella,
y el lucero del alba no era aún tempranero.

Esa visión en mí se alza y se multiplica
en detalles preciosa y en mil prodigios rica,
por la cierta esperanza del más divino bien,

de la Virgen, el Niño y el san José proscripto;
y yo, en mi pobre burro, caminando hacia Egipto,
y sin la estrella ahora, muy lejos de Belén.

EN EL CAMINO

Amado Nervo

Me levantaré e iré a mi Padre

I

Resuelve tornar al padre

No temas, Cristo Rey, si descarriado
tras locos ideales he partido:
ni en mis días de lágrimas te olvido,
ni en mis horas de dicha te he olvidado.

En la llaga crüel de tu costado
quiere formar el ánima su nido,
olvidando los sueños que ha vivido
y las tristes mentiras que ha soñado.

A la luz del dolor, que ya me muestra
mi mundo de fantasmas vuelto escombros,
de tu místico monte iré a la falda,

con un báculo: el tedio, en la siniestra:
con andrajos de púrpura en los hombros,
con el haz de quimeras a la espalda.

II

De cómo se congratulan del retorno

Tornaré como el Pródigo doliente
a tu heredad tranquila; ya no puedo
la piara cultivar, y al inclemente
resplandor de los soles tengo miedo.

Tú saldrás a encontrarme diligente;
de mi mal te hablaré, quedo, muy quedo...
y dejarás un ósculo en mi frente
y un anillo de nupcias en mi dedo;

y congregando del hogar en torno
a los viejos amigos del contorno,
mientras yantan risueños a tu mesa,

clamarás con profundo regocijo:
«¡Gozad con mi ventura, porque el hijo
que perdido llorábamos, regresa!»

III

Pondera lo intenso de la futura vida

¡Oh sí!, yo tornaré; tu amor estruja
con invencible afán al pensamiento,
que tiene hambre de paz y de aislamiento
en la mansa quietud de la cartuja.

¡Oh sí!, yo tornaré; ya se dibuja
en el fondo del alma, ya presiento
la plácida silueta del convento
con su albo domo y su gentil aguja...

Ahí, solo por fin conmigo mismo,
escuchando en las voces de Isaías
tu clamor insinuante que me nombra,

¡cómo voy a anegarme en el mutismo,
cómo voy a perderme en las crujías,
cómo voy a fundirme con la sombra!

LA NOVIA

Amado Nervo

Vigilate, quia nescitis qua horam
Dominus venturus sit.
Mat. XXVI, 42

La sutil destemplanza de una tarde marcera
enfermó sus pulmones, su invisible puñal
le clavaron los cierzos en la espalda de cera,
y hela allí entre las rosas que ofreció Primavera
cual friolentas primicias para su funeral.

El ajuar de la novia terminado se hallaba,
y el Esposo, impaciente, con febril anhelar,
los minutos, las horas y los días contaba;
el ajuar de la novia terminado se hallaba
cuando vino el Esposo que no sabe esperar.

Cuando vino el Esposo que nos hiela el deleite,
que sorprende a las vírgenes en la noche falaz
y requiere las lámparas que no tienen aceite,
¡cuándo vino el Esposo que nos hiela el deleite
y nos sella los labios con un beso de paz!

Ella supo, no obstante, cuál sería su sino,
la voz queda de un ángel al oído le habló
y dijo: "No temas, será blando el camino,
y tu beso de bodas, el más dulce y divino
de los besos de bodas."
                              Y sonriendo, murió.

RELIGIOSIDAD POPULAR

LA PROCESIÓN

Julio Herrera y Reissig

El señor Cura, impuesto de sus oros sagrados,
Acaudilla el piadoso rebaño serraniego;
En voz alta exorciza los demonios, y luego
Salpica de agua santa las siembras y los prados.

Corean cien ladridos la procesión. Por grados,
Las músicas naufragan en el ancho sosiego...
Todo vuelve al divino mutismo solariego:
Gentes, rebaños, eras, parroquias y collados.

La emoción del crepúsculo pesa solemnemente.
Pájaros en triángulo vuelan sobre el torrente...
De cuando en cuando gime con unción oportuna,

La inválida miseria de un viejo carricoche...
Todo es grave. El castillo encantado de luna,
Llena de cuentos de hadas los campos y la noche.

NUESTRO AMO ESTÁ EXPUESTO

Amado Nervo

Nuestro Amo está expuesto;
Nuestro Amo está expuesto…
Anda, dile a *Nuestro Amo*, Damiana,
que guarde tu almita de luz para el cielo.

Nuestro Amo
está expuesto en su enorme custodia,
como un sol de nieve
dentro de un sol de fuego;
en su enorme custodia,
donde, como flores de un país de ensueño,
dos querubes de alas en espiral, fingen
corolas de plumas.
        Las damas del pueblo
enviaron sus canarios
para adorno del templo,
y esos luminosos
pájaros, batiendo
sus alitas de ocre, gorjean tan dulce
que así deben cantar las bandadas
de Dios en el cielo.

Hay matas de flores tan finas
como el terciopelo,
como mágicas sedas olorosas;
hay tiestos
rizados de musgo, naranjas doradas
con mil flamulillas de oropel que crujen
al soplo del viento,
que hace esgrima con luces de cirios,
como con espadas de trémulo fuego.

230

Nuestro Amo está expuesto
y la Santa Virgen, cubierta de joyas,
está en el crucero,
con su veste de tela de plata,
sonriendo
y ostentando en su diestra afilada
una gran camándula de vivos destellos,
y sortijas de antigua factura
prendidas al viejo marfil de sus dedos.
Anda, dile a la Virgen, Damiana,
que guarde tu almita de luz para el cielo.

Nuestro Amo está expuesto;
anda a visitarlo, Damiana, te hincas
en el presbiterio,
ante el ascua de oro del altar bendito
rezas un padrenuestro
y le cuentas a Dios tus angustias,
tus deseos,
y le dices así: "Padre mío,
tú formaste mi alma de diamante y quiero
seguir siendo en la vida un diamante
para ser un diamante en el cielo
y acurrucarme
como un lucero
en la noche, que es el infinito
raso azul de tus santos joyeros.
Quiero ser un diamante,
y si las miserias y si el sufrimiento
vienen y obscurecen mis facetas diáfanas,
para seguir siendo
diamante en la angustia, diamante en las lágrimas,
diamante en los duelos,
Tú, que sacas la luz de la sombra,

harás que me vuelvan todas las negruras
un diamante negro..."

Anda a ver a *Nuestro Amo*, Damiana,
¡anda a verlo!
¡Oye las campanas como cantan *Gloria*
in excelsis Deo!

Corre a la iglesia, retoño mío,
luz de mis años, flor de mis hielos...
Anda a ver a *Nuestro Amo*, Damiana,
Nuestro Amo está expuesto.

OFRENDA

Leopoldo Lugones

Los balcones ojivales de un convento carmelita
Perpetúan en sus marcos, cual prodigio de cristal,
La litúrgica vidriera que a un maestro mosaíta,
Encargó un prior de Hipona por decreto rectoral.

Un infolio venerable, en romance franco, anuncia
Que sus goznes y sus llaves, maravilla de cincel,
Fueron la obra legendaria de un orfebre de Maguncia
Que emigró al país de Hungría bajo el reino de Isabel.

Cuando el Sol gasta su aljaba en los ónices del coro,
Asemeja la vidriera zodiacal constelación,
Sumergida en el encanto de un crepúsculo de oro
Que realza sus matices de jacinto y corindón:

Bajo el beso de mil lirios –un floral beso de seda–
Ciñe el Niño Dios un nimbo de un reflejo aurisolar;
Sus pañales son de un lino tan hermoso, que remeda
El vellón de bella espuma que en las ancas tiene el mar.

Y María – ¡oh alegría, oh ambrosía, oh melodía! –
Más sagrada que los óleos de la unción del rey Saúl,
En su manto azul, glaciado de menuda pedrería,
Está envuelta como el sueño de un astro en un lago azul.

José vela en los portales con su vara de azucenas
Y su manto de gran púrpura como un viejo emperador;
A sus pies están ardiendo suaves mirras agarenas
En brasero que es la boca de un dorado aligátor.

Suaves mirras que extrajeron de un jardín de mil corolas,
Los tres magos orientales cuya pompa es toda real:

233

Bajo un cedro de oro fino resplandecen sus estolas
Y sus mitras eminentes de un prestigio arzobispal.

Respirando un vapor de oro por sus túmidas narices,
Descendió el Toro celeste que preside al sol de abril:
Lleva atadas en sus cuernos por guirnalda cuatro lises,
Y la estrella Sahil luce enclavada en su perfil.

Y la mística paloma, en un claro azul distinta,
Lleva en el pico una cinta de grana como pendón;
Sancta Dei Genitrix, dice en la grana de la cinta,
Decorada como el regio pectoral de Salomón.

Sobre el rústico pesebre, de las altas glorias llega,
–Resonante de alabanzas su magnífico clarín–,
 Y a la puerta del pesebre como un cisne astral despliega
Sus dos alas, cual dos liras, un inmenso serafín.

Cuando el diácono salmodia secundado del arpista,
Las perínclitas secuencias ante el negro facistol,
Y en los dedos abaciales centellea la amatista,
Y la carne de las hostias resplandece como un sol.

La vidriera de colores estremécese en su hueco,
Conmovida como al paso de un armado palafrén,
Y parece que resuenan en el ámbito del eco
Las cuarenta mil campanas de una ideal Jerusalén.

SEMANA DOLOROSA

Leopoldo Lugones

> *Y el primer día de la Semana*
> *fueron muy de mañana al sepulcro,*
> *llevando los aromas que habían preparado;*
> *y hallaron la losa revuelta del Sepulcro;*
> *y entrando, no hallaron al Señor Jesús.*
> (LUCAS, XXIV, 1, 2, 3)

Todo: el abrazo inmóvil de la Cruz, sobre el huerto
Que cobijó las cepas de la heredad de Sión.
Todo: los bravos clavos que sobre el cielo yerto
Suspendieron el hondo horror de la Pasión;

La Toga en que envolviera (como en un lirio abierto
Lleno de aroma y lágrimas) Serafio el gran baldón;
La trágica corona de zarzas del desierto
Que coronó sus grandes cabellos de león.

Cada vez que en el fondo de la tarde encendida,
Como penetra un hierro candente en una herida,
Se hunde abriendo las nubes el sol de Jehová.

El rojo drama surge del pavor del abismo:
y ven los hombres nuevos que todo está lo mismo:
La Cruz, el sol, el Monte. ¡Sólo Cristo no está!

SANTOS Y PECADORES

MATER ALMA

Amado Nervo

Que tus ojos radien sobre mi destino,
que tu veste nívea, que la luz orló,
ampare mis culpas del torvo Dios Trino:
¡Señora, te amo! ¡Ni el grande Agustino
ni el tierno Bernardo te amaron cual yo!
Que la Luna, octante de bruñida plata,
escabel de plata de tu piel real,
por mi noche bogue, por mi noche ingrata,
y en su sombra sea místico fanal.
Que los albos lises de tu vestidura
el erial perfumen de mi senda dura,
y por ti mi vida brillará tan pura
cual los lises albos de tu vestidura.
Te daré mis versos: floración tardía;
mi piedad de niño: floración de Abril;
e irán a tu solio, dulce Madre mía,
mis castos amores en blanca theoría,
con cirio en las manos y toca monjil.

LA ESCENA INMEMORIAL

Amado Nervo

En el recogimiento de su celda, la anciana
Teresa (nueve lustros de amor inmaculado)
platica con su Cristo.
                La luz de la ventana
reverbera en la cárdena faz del Crucificado.
Tarde glacial de Ávila…
                Inicia una campana
con una dulce esquila su gran diálogo alado.

–"Señor, dice Teresa, por Ti todo martirio
me es dulce; padecer quiero o morir, Señor!"
Y al expresarlo, enciéndese su palidez de lirio;
sus brazos, castamente, ciñen al Salvador.
Los ojos del Maestro tienen más luz que Sirio,
y cada llaga se abre como divina flor.

LOS MOTIVOS DEL LOBO

Rubén Darío

El varón que tiene corazón de lis,
alma de querube, lengua celestial,
el mínimo y dulce Francisco de Asís,
está con un rudo y torvo animal,
bestia temerosa, de sangre y de robo,
las fauces de furia, los ojos de mal:
el lobo de Gubbia, el terrible lobo,
rabioso, ha asolado los alrededores;
cruel ha deshecho todos los rebaños;
devoró corderos, devoró pastores,
y son incontables sus muertes y daños.

Fuertes cazadores armados de hierros
fueron destrozados. Los duros colmillos
dieron cuenta de los más bravos perros,
como de cabritos y de corderillos.

Francisco salió;
al lobo buscó
en su madriguera.
Cerca de la cueva encontró a la fiera
enorme, que al verle se lanzó feroz
contra él. Francisco, con su dulce voz,
alzando la mano,
al lobo furioso dijo: "¡Paz, hermano
lobo!" El animal
contempló al varón de tosco sayal;
dejó su aire arisco,
cerró las abiertas fauces agresivas,
y dijo: "¡Está bien, hermano Francisco!
¡Cómo!" –exclamó el santo–. ¿Es ley que tú vivas
de horror y de muerte?"

241

"La sangre que vierte
tu hocico diabólico, el duelo y espanto
que esparces, el llanto
de los campesinos, el grito, el dolor
de tanta criatura de Nuestro Señor,
no han de contener tu encono infernal?
¿Vienes del infierno?
¿Te ha infundido acaso su rencor eterno
Luzbel o Belial?"
Y el gran lobo, humilde: "¡Es duro el invierno,
y es horrible el hambre! En el bosque helado
no hallé qué comer; y busqué el ganado,
y a veces comí ganado y pastor.
¿La sangre? Yo vi más de un cazador
sobre su caballo, llevando el azor
al puño; o correr tras el jabalí,
el oso o el ciervo; y a más de uno vi
mancharse de sangre, herir, torturar,
de las roncas trompas al sordo clamor,
a los animales de Nuestro Señor.
Y no era por hambre, que iban a cazar."
Francisco responde: "En el hombre existe
mala levadura.
Cuando nace viene con pecado. Es triste.
Mas el alma simple de la bestia es pura.
Tú vas a tener
desde hoy qué comer.
Dejarás en paz
rebaños y gente en este país.
¡Que Dios melifique tu ser montaraz!"
"Está bien, hermano Francisco de Asís."
"Ante el Señor, que todo ata y desata,
en fe de promesa tiéndeme la pata."
El lobo tendió la pata al hermano
de Asís, que a su vez le alargó la mano.
Fueron a la aldea. La gente veía

y lo que miraba casi no creía.
Tras el religioso iba el lobo fiero,
y, baja la testa, quieto le seguía
como un can de casa, o como un cordero.

Francisco llamó la gente a la plaza
y allí predicó.
Y dijo: "He aquí una amable caza.
El hermano lobo se viene conmigo;
me juró no ser ya vuestro enemigo,
y no repetir su ataque sangriento.
Vosotros, en cambio, daréis su alimento
a la pobre bestia de Dios. "¡Así sea!,
contestó la gente toda de la aldea.
Y luego, en señal
de contentamiento,
movió testa y cola el buen animal,
y entró con Francisco de Asís al convento.

                          *

Algún tiempo estuvo el lobo tranquilo
en el santo asilo.
Sus bastas orejas los salmos oían
y los claros ojos se le humedecían.
Aprendió mil gracias y hacía mil juegos
cuando a la cocina iba con los legos.
Y cuando Francisco su oración hacía,
el lobo las pobres sandalias lamía.
Salía a la calle,
iba por el monte, descendía al valle,
entraba en las casas y le daban algo
de comer. Mirábanle como a un manso galgo.
Un día, Francisco se ausentó. Y el lobo
dulce, el lobo manso y bueno, el lobo probo,
desapareció, tornó a la montaña,
y recomenzaron su aullido y su saña.

Otra vez sintióse el temor, la alarma,
entre los vecinos y entre los pastores;
colmaba el espanto los alrededores,
de nada servían el valor y el arma,
pues la bestia fiera
no dio treguas a su furor jamás,
como si tuviera
fuegos de Moloch y de Satanás.

Cuando volvió al pueblo el divino santo,
todos le buscaron con quejas y llanto,
y con mil querellas dieron testimonio
de lo que sufrían y perdían tanto
por aquel infame lobo del demonio.

Francisco de Asís se puso severo.
Se fue a la montaña
a buscar al falso lobo carnicero.
Y junto a su cueva halló a la alimaña.
"En nombre del Padre del sacro universo,
conjúrote –dijo– ¡oh lobo perverso!,
a que me respondas: ¿Por qué has vuelto al mal?
Contesta. Te escucho."
Como en sorda lucha, habló el animal,
la boca espumosa y el ojo fatal:
"Hermano Francisco, no te acerques mucho...
Yo estaba tranquilo allá en el convento;
al pueblo salía,
y si algo me daban estaba contento
y manso comía.
Mas empecé a ver que en todas las casas
estaban la Envidia, la Saña, la Ira,
y en todos los rostros ardían las brasas
de odio, de lujuria, de infamia y mentira.
Hermanos a hermanos hacían la guerra,
perdían los débiles, ganaban los malos,

hembra y macho eran como perro y perra,
y un buen día todos me dieron de palos.
Me vieron humilde, lamía las manos
y los pies. Seguía tus sagradas leyes,
todas las criaturas eran mis hermanos:
los hermanos hombres, los hermanos bueyes,
hermanas estrellas y hermanos gusanos.
Y así, me apalearon y me echaron fuera.
Y su risa fue como un agua hirviente,
y entre mis entrañas revivió la fiera,
y me sentí lobo malo de repente;
mas siempre mejor que esa mala gente.
y recomencé a luchar aquí,
a me defender y a me alimentar.
Como el oso hace, como el jabalí,
que para vivir tienen que matar.
Déjame en el monte, déjame en el risco,
déjame existir en mi libertad;
vete a tu convento, hermano Francisco,
sigue tu camino y tu santidad."

El santo de Asís no le dijo nada.
Le miró con una profunda mirada,
y partió con lágrimas y con desconsuelos,
y habló al Dios eterno con su corazón.
El viento del bosque llevó su oración,
que era: *Padre nuestro, que estás en los cielos...*

EN ELOGIO DEL ILUSTRÍSIMO SEÑOR OBISPO DE CÓRDOBA, FRAY MAMERTO DE ESQUIÚ, O. M.

Rubén Darío

Un báculo que era como un tallo de lirios,
una vida en cilicios de adorables martirios,
      un blanco horror de Belcebú,
un salterio celeste de vírgenes y santos,
un cáliz de virtudes y una copa de cantos,
      tal era fray Mamerto Esquiú.

Con su mano sagrada fue a recoger estrellas.
Antes cansó su planta, dejando augustas huellas,
      feliz Pastor de su país;
ahora corta del Padre las sacras azucenas;
sobre esta tierra amarga, cogía a manos llenas
      las florecillas del de Asís.

¡Oh luminosas Pascuas! ¡Oh Santa Epifanía!
Salvete flores martyrum! canta el clarín del día
      con voz de bronce y de cristal:
Sobre la tierra grata brota el agua divina,
la rosa de la gracia su púrpura culmina
      sobre el cayado pastoral.

Crisóstomo le anima, Jerónimo le doma;
su espíritu era un águila con ojos de paloma;
      su verbo es una flor.
Y aquel maravilloso poeta, san Francisco,
las voces enseñóle con que encantó a su aprisco
      en las praderas del Señor.

Tal cual la Biblia dice, con címbalo sonoro,
a Dios daba sus loas. Formó un santo coro
      de Fe, Esperanza y Caridad:

Trompetas argentinas dicen sus ideales,
y su órgano vibrante tenía dos pedales,
        y eran el Bien y la Verdad.

Trompetas argentinas claman su triunfo ahora,
trompetas argentinas de heraldos de la aurora
        que anuncia el día del altar,
cuando la hostia, esa virgen, y ese mártir, el cirio,
ante su imagen digan el místico martirio,
        en que el Cordero ha de balar.

Llegaron a su mente hierosolimitana,
la criselefantina divinidad pagana,
        las dulces musas de Helicón;
y él se ajustó a los números severos y apostólicos,
y en su sermón se escuchan los sones melancólicos
        de los salterios de Sïón.

Yo, que la verleniana zampoña toco a veces,
bajo los verdes mirtos o bajo los cipreses,
        canto hoy tan sacra luz;
en el marmóreo plinto cincelo mi epigrama,
y bajo el ala inmensa de la divina Fama,
        ¡grabo una rosa y una Cruz!

CHARITAS

Rubén Darío

A Vicente de Paul, nuestro Rey Cristo
con dulce lengua dice:
—Hijo mío, tus labios
dignos son de imprimirse
en la herida que el ciego
en mi costado abrió. Tu amor sublime
tiene sublime premio: asciende y goza
del alto galardón que conseguiste.
El alma de Vicente llega al coro
de los alados Ángeles que al triste
mortal custodian: eran más brillantes
que los celestes astros. Cristo: "Sigue,
dijo al amado espíritu del Santo,
ve entonces la región en donde existen
los augustos Arcángeles, zodíaco
de diamantina nieve, indestructibles
ejércitos de luz y mensajeras
castas palomas o águilas insignes.
Luego la majestad esplendorosa
del coro de los Príncipes,
que las divinas órdenes realizan
y en el humano espíritu presiden;
el coro de las altas Potestades
que al torrente infernal levantan diques;
el coro de las místicas Virtudes,
las huellas de los mártires
y las intactas manos de las vírgenes;
el coro prestigioso
de las Dominaciones que dirigen
nuestras almas al bien, y el coro excelso
de los Tronos insignes,
que del Eterno el solio,

cariátides de luz indefinible,
sostienen por los siglos de los siglos;
y el coro de Querubes que compite
con la antorcha del sol.
                    Por fin, la gloria
de teológico fuego en que se erigen
las llamas vivas de inmortal esencia.
Cristo al Santo bendice
y así penetra el Serafín de Francia
al coro de los ígneos Serafines.

AUTO DE FE

Enrique González Martínez

Cuentan que un fraile en su misal un día
halló en una mayúscula de ornato
un cuerpo de mujer desnudo y grato
que artista ignoto dibujado había.

Quedó suspenso el infeliz –¡impía
profanación, horrible desacato!–…
Rasgó el papel, y en místico arrebato,
quemó la hoja en el velón que ardía.

Dicen también que al abrasar la impura
forma del mal, un viento de amargura
sopló sobre la paz de su inocencia…

Cruzó un recuerdo de la vieja hora,
y lloró sin cesar hasta la aurora,
a solas con su Dios y su conciencia.

EL CURA

Julio Herrera y Reissig

Es el cura... Lo han visto las crestas silenciarias,
Luchando de rodillas con todos los reveses,
Salvar en pleno invierno los riesgos montañeses
O trasponer de noche las rutas solitarias.

De su mano propicia, que hace crecer las mieses,
Saltan como sortijas gracias involuntarias;
Y en su asno taumaturgo de indulgencias plenarias,
Hasta el umbral del cielo lleva a sus feligreses...

Él pasa del hisopo al zueco y la guadaña;
Él ordeña la pródiga ubre de su montaña
Para encender con oros el pobre altar de pino;

De sus sermones fluyen suspiros de albahaca;
El único pecado que tiene es un sobrino...
Y su piedad humilde lame como una vaca.

EL JEFE NEGRO

Julio Herrera y Reissig

Temerario y agudo y diestro entre los diestros
El jefe negro empuña su indómita mesnada;
Y en pos de bendiciones o al son de padrenuestros,
Desata las guerrillas y asorda la emboscada...

Comulgan en su alforja con los bandos siniestros
El cáliz, y con chumbos la Custodia Sagrada.
Canta misas en medio de los bosques ancestros,
Y del santo responso pasa a la cuchillada.

Espeluzna en su neutra virilidad de eunuco
El rosario enroscado a un enorme trabuco...
¡Oh, buen león! Apenas bate el hierro inhumano,

Para orar por el alma del vencido se vuelve:
El enemigo pronto se convierte en hermano,
¡Y la mano que mata es la mano que absuelve!...

UN SANTO

Julián del Casal

Vive, bajo el sayal del franciscano,
en la lóbrega celda de un convento,
donde tiene, por único contento,
la dulce paz del corazón cristiano.

Entre las ondas del cabello cano
que sombrean su rostro macilento,
brillar se ve su puro pensamiento
como un astro entre nubes de verano.

Frente al disco de fúlgida custodia,
cántico celestial su voz salmodia
o como exangüe monje de Ribera,

que siempre a la tortura está propicio,
ciñéndose a las carnes el cilicio,
medita ante sagrada calavera.

ORACIONES Y PLEGARIAS

A UNA CRUZ (EX-VOTO)

Delmira Agustini

Cruz que ofrendando tu infinito abrazo
Cabe la silenciosa carretera,
Pareces bendecir la tierra entera
Y atarla al cielo como un férreo lazo!...

Puerto de luz abierto al peregrino
A la orilla del pálido camino!...
Vibre en el Tiempo la sagrada hora
Que a tu lado viví, cuando el gran broche
De nácar de la luna abrió una noche
Que pareció una aurora!...

La luna alzaba dulce, dulcemente
El velo blanco, blanco y transparente
De prometida del Misterio; el Cielo
Estaba vivo como un alma!... el velo,
El velo blanco y temblador crecía
Como una blanca y tembladora nata...
Y la tierra inefable parecía
Un sueño enorme de color de plata!
Fue un abismo de luz cada segundo,
El límpido silencio se creería
La voz de Dios que se explicara al Mundo!

* * *

Como cayó en tus brazos mi alma herida
Por todo el Mal y todo el Bien: mi älma
Un fruto milagroso de la Vida
Forjado a sol y madurado en sombra,
Acogíase a ti como una palma
De luz en el desierto de la Sombra!...

257

Y la Armonía fiel que en mí murmura
Como una extraña arteria, rompió en canto,
Y del mármol hostil de mi escultura
Brotó un sereno manantial de llanto!...

Así lloré el dolor de las heridas
Y la embriaguez opiada de las rosas...
Arraigábanse en mí todas las vidas
Reflejábanse en mí todas las cosas!...

Y a ëse primer llanto: mi alma, una
Suprema estatua triste sin dolor,
Se alzó en la nieve tibia de la Luna
Como una planta en su primera flor!

SEÑOR, EN VANO INTENTO...

José Martí

Señor: en vano intento
Contener el león que me devora:
Hasta a escribir mi amargo pensamiento
La pluma recia se me niega ahora.
Señor: mi frente fría
Prenda clara te da de mi agonía.
Cual seiba desraigada
Mi trémula armazón cruje espantada:
No dejes que así cimbre
Como a recio huracán delgado mimbre:
¡Señor, Señor! yo siento
Que esta alta torre se derrumba al viento.
A la pasión, al tigre que me muerde
El poder de embridar el alma pierde.

¡Señor, Señor! No quieras
mi pobre corazón dar a las fieras.

ORACIÓN

Julián del Casal

¡Ah, los muertos deseos! Nada ansío
de lo que el mundo ofrece ante mi vista:
aquello que mi alma no contrista
tan sólo me produce amargo hastío.

Como encalla entre rocas un navío
que se lanza del oro a la conquista,
así ha encallado el ideal de artista
entre las nieblas del cerebro mío...

¡Oh, Señor! si la sombra no deshaces
y en mi alma arrojas luminosas haces,
como un sol en oscuro firmamento,

haz que sienta en mi espíritu moroso
primero la tormenta que el reposo,
primero que el hastío... ¡el sufrimiento!

EL VERSO SUTIL QUE PASA O SE POSA

Rubén Darío

El verso sutil que pasa o se posa
sobre la mujer o sobre la rosa,
beso puede ser, o ser mariposa.

En la fresca flor el verso sutil;
el triunfo de Amor en el mes de abril:
Amor, verso y flor, la niña gentil.

Amor y dolor. Halagos y enojos.
Herodías ríe en los labios rojos.
Dos verdugos hay que están en los ojos.

¡Oh, saber amar es saber sufrir!
Amar y sufrir, sufrir y sentir,
y el hacha besar que nos ha de herir...

¡Rosa de dolor, gracia femenina;
inocencia y luz, corola divina!
y aroma fatal y crüel espina...

Líbranos, Señor, de abril y la flor,
y del cielo azul y del ruiseñor,
de dolor y amor, líbranos, Señor.

SUM

Rubén Darío

Yo soy en Dios lo que soy
y mi ser es voluntad
que, perseverando hoy,
existe en la eternidad.

Cuatro horizontes de abismo
tiene mi razonamiento,
y el abismo que más siento
es el que siento en mí mismo.

Hay un punto alucinante
en mi villa de ilusión:
La torre del elefante
junto al kiosco del pavón.

Aún lo humilde me subyuga
si lo dora mi deseo.
La concha de la tortuga
me dice el dolor de Orfeo.

Rosas buenas, lirios pulcros,
loco de tanto ignorar,
voy a ponerme a gritar
al borde de los sepulcros:

¡Señor que la fe se muere!
Señor mira mi dolor.
¡Miserere! ¡Miserere!...
Dame la mano, Señor...

QUEJA

Alfonsina Storni

Señor, mi queja es ésta,
tú me comprenderás;
de amor me estoy muriendo,
pero no puedo amar.

Persigo lo perfecto
en mí y en los demás,
persigo lo perfecto
para poder amar.

Me consumo en mi fuego,
¡Señor, piedad, piedad!
De amor me estoy muriendo,
¡Pero no puedo amar!

SEÑOR, YO NO TE PIDO

Amado Nervo

Señor, yo no te pido la riqueza,
no te pido la fama ni la gloria;
que se borre mi nombre en la memoria
del mundo, cuando baje hacia la huesa.

No hagas, Señor, dichoso mi mañana
dándome al ángel que entusiasta adoro.
Era, Dios santo, mi único tesoro;
mas... ¡que se cumpla tu orden soberana!

Arrebata también cuanto poseo;
que no haya en mi desierto ni una palma;
mas déjame, Señor, la paz del alma,
que ya cansado de luchar me veo.

No puedo más. Mi vida es un tormento
indefinible, cruel, sordo, espantoso.
Yo no tengo las fuerzas de un coloso,
y en la lucha se extingue ya mi aliento.

Si no quieres, oh Dios, que al fin sucumba
a tanto duelo y a tormentos tantos,
¡o dame la protección de los santos
o la profunda calma de la tumba!

QUIERO LLORAR

Amado Nervo

Después que padezco tanto,
que es tan bárbaro mi duelo,
ay, no me concede el cielo
ni el don de verter mi llanto.

Me destrozan los abrojos
del mundo, no tengo calma,
hay un infierno en mi alma,
¡pero están secos mis ojos!

Señor, aumenta el penar
de mi mártir corazón,
mas deja, por compasión,
¡deja que pueda llorar!

Recuerda que tú en el mundo
cuando padeciste tanto,
vertiste, Señor, tu llanto
en tu dolor sin segundo.

Ten piedad de mi dolor
que me impulsa a que te implore:
permite, Dios mío, que llore...
¡Dame lágrimas, Señor!

YO NO SOY DEMASIADO SABIO

Amado Nervo

Yo no soy demasiado sabio para negarte,
Señor; encuentro lógica tu existencia divina;
me basta con abrir los ojos para hallarte;
la creación entera me convida a adorarte,
y te adoro en la rosa y te adoro en la espina.

¿Qué son nuestras angustias para querer por ellas
argüirte de cruel? ¿Sabemos por ventura
si tú con nuestras lágrimas fabricas las estrellas,
si los seres más altos, si las cosas más bellas
se amasan con el noble barro de la amargura?

Esperemos, suframos, no lancemos jamás
a lo Invisible nuestra negación como un reto.
Pobre criatura triste, ¡ya verás, ya verás!
La Muerte se aproxima... ¡De sus labios oirás
el celeste secreto!

VIEJO ESTRIBILLO

Amado Nervo

¿Quién es esa sirena de la voz tan doliente,
de las carnes tan blancas, de la trenza tan bruna?
–Es un rayo de luna que se baña en la fuente,
        es un rayo de luna...

¿Quién gritando mi nombre la morada recorre?
¿Quién me llama en las noches con tan trémulo acento?
–Es un soplo de viento que solloza en la torre,
        es un soplo de viento...

¿Di, quién eres, arcángel cuyas alas se abrasan
en el fuego divino de la tarde y que subes
por la gloria del éter? –Son las nubes que pasan;
        mira bien, son las nubes...

¿Quién regó sus collares en el agua, Dios mío?
Lluvia son de diamantes en azul terciopelo.
–Es la imagen del cielo que palpita en el río,
        es la imagen del cielo...

¡Oh, Señor! ¡La belleza sólo es, pues, espejismo!
Nada más Tú eres cierto: sé Tú mi último Dueño.
¿Dónde hallarte, en el éter, en la tierra, en mí mismo?
–Un poquito de ensueño te guiará en cada abismo,
        un poquito de ensueño...

ME MARCHARÉ

Amado Nervo

Me marcharé, Señor, alegre o triste,
mas resignado, cuando al fin me hieras.
Si vine al mundo porque tú quisiste
¿no he de partir sumiso cuando quieras?

Un torcedor tan sólo me acongoja,
y es haber preguntado el pensamiento,
sus porqués a la vida... ¡mas la hoja
quiere saber dónde la lleva el viento!

Hoy, empero, ya no pregunto nada
cerré los ojos y mientras el plazo
llega en que se termine la jornada,
mi inquietud se adormece en la almohada
de la resignación, en tu regazo.

JESUCRISTO

EN LA ALTA NOCHE

Manuel Gutiérrez Nájera

¡Señor, Señor!: los mares de la idea
tienen también sus rudas tempestades:
Mi espíritu en la sombra titubea
como Pedro en el mar de Tiberiades.

Hierven las aguas en que yo navego.
Mi pobre esquife a perecer avanza
Tú que la luz le devolviste al ciego
devuélvela a mi fe y a mi esperanza.

Surge, surge, Jesús, porque la vida
ágil se escapa de mis brazos flojos
y el alma sin calor, desfallecida,
muy lentamente cierra ya los ojos.

Aparece en la inmensa noche oscura.
Las conciencias te llaman... Están solas,
y pasa con tu blanca vestidura
serenando el tumulto de las olas.

SPES

Rubén Darío

Jesús, incomparable perdonador de injurias,
óyeme; Sembrador de trigo, dame el tierno
pan de tus hostias; dame, contra el sañudo infierno,
una gracia lustral de iras y lujurias.

Dime que este espantoso horror de la agonía
que me obsede, es no más de mi culpa nefanda;
que al morir hallaré la luz de un nuevo día
y que entonces oiré mi «¡Levántate y anda!»

¡OH, CRISTO!

Amado Nervo

Ya no hay un dolor humano que no sea mi dolor;
ya ningunos ojos lloran, ya ningún alma se angustia
sin que yo me angustie y llore;
ya mi corazón es lámpara fiel de todas las vigilias,
¡oh Cristo!

En vano busco en los hondos escondrijos de mi ser
para encontrar algún odio: nadie puede herirme ya
sino de piedad y amor. Todos son yo, yo soy todos,
¡oh Cristo!

¡Qué importan males o bienes! Para mí todos son bienes.
El rosal no tiene espinas: para mí sólo da rosas.
¿Rosas de pasión?, ¡Qué importa! Rosas de celeste esencia,
purpúreas como la sangre que vertiste por nosotros,
¡oh Cristo!

SI TÚ ME DICES "¡VEN!"

Amado Nervo

Si Tú me dices "¡ven!", lo dejo todo...
No volveré siquiera la mirada
para mirar a la mujer amada...
Pero dímelo fuerte, de tal modo

que tu voz, como toque de llamada,
vibre hasta en el más íntimo recodo
del ser, levante el alma de su lodo
y hiera el corazón como una espada.

Si Tú me dices: "¡ven!", todo lo dejo.
Llegaré a tu santuario casi viejo,
y al fulgor de la luz crepuscular;

mas he de compensarte mi retardo,
difundiéndome ¡Oh Cristo! ¡como un nardo
de perfume sutil, ante tu altar!

NOCHE DE REYES

Delmira Agustini

"Tenía en las pupilas un brillo nunca visto,
Era rubio, muy dulce y se llamaba Cristo!..."

. . . –¡Ah, sigue! –el mago erguía la frente soberana–
–"Mi copa es del Oriente, es sagrado este vino.–
Allá en Betlheem, un día legendario y divino,
Yo vi nacer al niño de estirpe sobrehumana.

. . .La Miseria lamía su mano... porcelana
Celeste con el sello de un trágico destino;
Y Él sonreía siempre a la Miseria, al sino,
Al cordero de nieve, a la cruz del Mañana..."

. . .Era mi Dios! ¡Ah Cristo, mi piedad os reclama.
Mi labio aún está dulce de la oración que os llama!
Peregrinando cultos, mi rubio, infausto Dios,

No estragué de mi fe los armiños pristinos,
¡Ah! por todos los templos, por todos los caminos,
Divagando sonámbula, yo marchaba hacia Vos...

MI CRISTO DE COBRE

Alfredo R. Placencia

Quiero un lecho raído, burdo, austero
del hospital más pobre; quiero una
alondra que me cante en el alero;
y si es tal mi fortuna
que sea noche lunar la en que me muero,
entonces, oíd bien qué es lo que quiero:
quiero un rayo de luna
pálido, sutilísimo, ligero…
De esa luz quiero yo; de otra, ninguna.

Como el último pobre vergonzante,
quiero un lecho raído
en algún hospital desconocido
y algún Cristo de cobre agonizante
y una tremenda inmensidad de olvido
que, al tiempo de sentir que me he partido,
cojan la luz y vayan por delante.
Con eso soy feliz, nada más pido.

¿Para qué más fortuna
que mi lecho de pobre,
y mi rayo de luna,
y mi alondra y mi alero,
y mi Cristo de cobre,
que ha de ser lo primero…?
Con toda esa fortuna
y con mi atroz inmensidad de olvido,
contento moriré; nada más pido.

EL FANTASMA

Salvador Díaz Mirón

Blancas y finas, y en el manto apenas
visibles, y con aire de azucenas,
las manos –que no rompen mis cadenas.

Azules y con oro enarenados,
como las noches limpias de nublados,
los ojos –que contemplan mis pecados.

Como albo pecho de paloma el cuello,
y como crin de sol barba y cabello,
y como plata el pie descalzo y bello.

Dulce y triste la faz; la veste zarca...
Así, del mal sobre la inmensa charca,
Jesús vino a mi unción, como a la barca.

Y abrillantó a mi espíritu la cumbre
con fugaz cuanto rica certidumbre,
como con tintas de refleja lumbre.

Y suele retornar; y me reintegra
la fe que salva y la ilusión que alegra;
y un relámpago enciende mi alma negra.

MUERTO

José Martí

¡Espíritu, a soñar! ¡Soñando, crece
La eternidad en ti, Dios en la altura!

El Cielo y el Infierno
Hermanos son, hermanos en lo eterno:
¡Sobre la Eternidad yo me levante,
En la savia vital mi fuego encienda,
Todo a mi lado resplandezca y cante,
A mis plantas lo ilímite se extienda,
Y cuanto el Sol alumbra y cubre el cielo
Cantares traiga aquí para este duelo!

¿Quién sabe cuándo ha sido?
¿Quién piensa que él ha muerto?
¡Desde que aquel cadáver ha vivido,
El Universo todo está despierto!
Y desde que a la luz de aquella frente
Su seno abrió la madre Galilea,
Cadáver no hay que bajo el Sol no aliente
Y eterno vivo en el sepulcro sea.

El cavó las atmósferas dormidas;
El contrajo los miembros fatigados;
En haz de luces concentró las idas
Mieses descoloridas
De los campos del hombre abandonados;
Ungiólo en fuego, lo esparció por tierra.
Durmió sobre él, y redimió la Tierra

¡Hermano, hermano fuerte!
¡Oh padre, padre altivo,
Que adivinó las vidas de la muerte

Y eternamente resplandece vivo!
¡Oh padre, que se sienta
Donde el Sol de los mundos se calienta!
¡Oh sol que no anochece!
¡Ojos de amor que eternamente lloran!

Fuego de paz que eternamente crece;
Brazos que al mundo por el mundo imploran,
Cuando a un mísero golpe de su planta
En polvo hiere el mundo que levanta.
El hombre en que moriste,
La cruz en que te hollaron,
La madre en que gemiste,
Y el sol que con tu muerte iluminaron,
¡Ni hombre, ni cruz, ni sol, ni madre fueron!
Abandonado al Génesis dormía,
Y el Universo entero se moría,
Y los besos del Génesis surgieron.

Y si de tantas lágrimas lloradas
Algo quedó en la tierra estremecida,
Las de la madre fueron, derramadas
Como en la tumba hundida,
Los postrimeros cantos de la vida.
¡Oh llanto de una madre, nueva aurora
Que al agotado aliento resucita
En que todo el espíritu se llora
Y todo el fuego redentor palpita!

¡Si el Génesis muriera,
Si todo se acabara,
El llanto de una madre vivo fuera,
Y porque el hijo por quien llora viera,
La nada con el hijo fecundara!

¡Oh madre, mi María!
Porque hubieran tus labios de mi boca
El beso postrimer, y la sombría
Existencia fatal que el polvo invoca
No sintiese el horror de tu agonía,
¡Oh, madre! aquí en la Tierra,
En la cárcel imbécil que me encierra,
Devorando mis miembros viviría!

¡Aquél! Fue grande Aquél; pero en la cima
De la grandeza paternal no hay monte
Que de dolor de pequeñez no gima,
Ni hay rayos en el Sol, ni hay horizonte
Que de besar sus huellas se levante,
Ni mar que no murmure,
Ni labio que no jure,
Ni mundo que no cante.
Hay cantos para ti: canta el mezquino
Ser de la tierra el oro y el palacio,
Y a ti, Padre divino,
¡El mundo entona el canto del espacio!

Un leño se cruzó con otro leño;
Un cadáver—Jesús—hundió la arcilla,
Y al resplandor espléndido de un sueño,
Cayó en tierra del mundo la rodilla.

¡Un siglo acaba, nace otra centuria,
Y el hombre de la cruz canta abrazado,
Y sobre el vil cadáver de la Injuria,
El Universo adora arrodillado!

EL HIJO DEL HOMBRE

Leopoldo Lugones

> ...*No hagáis mal a la tierra,*
> *ni a la mar; ni a los árboles,*
> *hasta que señalemos a los siervos*
> *de nuestro Dios en sus frentes*
> (San Juan)

El desierto, – el desierto donde cae la fatiga de una noche enorme y trágica,– y la luna como un cobre de voraz orín mordido, – en las nubes montañosas quiebra sus cuernos de plata, – en las nubes tenebrosas como un crimen, – en las nubes mudas, mudas..., altas, altas. – El desierto donde tiemblan los orgullos moribundos – de las tardes; donde pálidas – lloran lágrimas de sangre las desoladas auroras,– donde el viento sueña enormes pesadillas de fantasmas; – donde exhalan sus rugidos – las angustias de las leonas preñadas, – donde beben turbias sales las rabiosas – zarzas, – donde aspiran los camellos olfateando la odre enjuta – bajo el trémulo esqueleto de las palmas. – El desierto, – y la luna inmensa y trágica – y la luna, – y la luna de una lívida aflicción amortajada, – sobre el desierto incendiado por la fiebre de los soles,– pasa – toda triste, – toda triste y trágica, – triste y trágica la luna – en su sueño luminoso de sonámbula.

Una roca culminante – como una ara. – Una roca donde a veces – vieron los siglos clavados el marcial perfil de un águila. – De rodillas – está un hombre con las manos levantadas, – y de sus ojos absortos – como dos salobres lagos, se derrama – la amargura de esos llantos que son flujos, – de esos llantos que son flujos de interiores puñaladas. – Ora al Padre. – Ya están cercanos los días de la sangre; ya las palmas – del martirio reverdecen en los dátiles sombríos, – y la vieja Sinagoga está en alarma. –Ora el triste Jesucristo con los codos apoyados en la roca, – y sus codos sangran – en las rojas asperezas de la roca, y en sus labios – irritados como brasas, – hay vago resplandor fosforescente – que relumbra en las tinieblas agitadas. – Los cabellos sobre el rostro están tendidos, – cual la angustia de una noche de dolor sobre una trágica – fiebre: duermen en su pecho los cuarenta días tristes, – y sus corazón se alza – en el fondo de su pecho como cumbre envuelta en nieves: – y la luna como lúgubre sonámbula, – toca el flanco de la roca con un rayo largo y triste, y la sombra de la roca sobre el arenal se alarga, – y la sombra del Profeta – es más larga que la sombra de la roca que se pierde en la distancia… – y la luna se hunde, – y la sombra – baja, – y la sombra baja; – y en el fondo de la sombra, – Jesucristo llora y ora con las manos levantadas, – y sus labios irritados resplandecen – con la sed de las vigilias solitarias – con las hondas languideces del ayuno – que sus ojos iluminan con centellas extrahumanas, – mientras vienen los leones – de las eternas montañas – a apagar su sed lamiendo con sus rojas lenguas húmedas – la amargura de su inmóvil lengua pálida.

El desierto, – y la luna triste y trágica; – y las nubes montañosas sobre el pórtico lejano de los cielos; – y el Profeta con los ojos en la luz de las montañas, – ora al Padre sobre el crimen de la tierra, – y la tierra pide sangre con sus bocas de venganza: – con la boca de los montes encendidos, – con la boca de los mares que interrogan el misterio de las playas…

APOCALIPSIS Y PARUSÍAS

CRUJE LA TIERRA...

José Martí

Cruje la tierra, rueda hecha pedazos
La ciudad, urge el miedo a la concordia.
Siervo y señor confúndense en abrazos:
Bosques las calles son, bosques de brazos
Que piden al Señor misericordia.

La soberana espira bambolea,
El pórtico corintio tiembla luego,
Vota y jura la gente, el suelo humea
Y sobre el llanto y el pavor pasea
De torre en torre el misterioso fuego.

¿Quién es, quién es? ¿quién puede en un minuto
Revolcar en su polvo a las ciudades,
Trocar al hombre en espantado bruto,
Echar la tierra sobre el mar enjuto,
Aventar como arena las edades?

Ya vuelve, ya adelanta, crece, oscila
El suelo como un mar, se encrespa, ruge.
Hincha el lomo, entreabre la pupila,
Cuanto quedaba en pie rueda o vacila:
Ya se apaga, se extingue, ronca, muge.

La ciudad, como un árbol, se deshoja,
Cortados a cercén vuelan los techos,
Se abre la tierra blanda en cuenca roja
Y a las madres, ¡tan fiera es la congoja!
¡Se les seca la leche de los pechos!

Salta una novia de la alcoba nueva
Donde el naranjo fresco florecía:

Muerta a su espalda el novio se la lleva:
Párase, ve el horror, en negra cueva
Rompe el suelo a sus pies, y a ella se fía.

Abatido el poder, pálido el mando,
El más bravo allí trémulo ejemplo
De pavura mortal: huye llorando
Un clérigo infeliz: danzan temblando
Sobre el altar los santos en el templo.

Al lívido reflejo de las luces
Vese allí un pueblo orando por sus vidas,
Unos a rastras van; otros de bruces
Piden merced a Dios, junto a las cruces
De las torres magníficas caídas.

Todos quieren vivir: ¡mas se ha notado
Que no hay uno allí que ve de más la vida; —
Uno en el pueblo entero! — un desterrado
Que a anodadar su cuerpo quebrantado
A las torres y pórticos convida.

APOCALÍPTICA

Amado Nervo

> *Y juró por el que vive en lo siglos de*
> *los siglos, que no habrá más tiempo...*

Y vi las sombras de los que fueron,
en sus sepulcros, y así clamaron:
"¡Ay, de los vientres que concibieron!
¡Ay, de los senos que amamantaron!"

"La noche asperja los cielos de oro;
mas cada estrella del negro manto
es una gota de nuestro lloro...
¿Verdad que hay muchas? ¡Lloramos tanto...!"

"¡Ay, de los seres que se quisieron
y en mala hora nos engendraron!
¡Ay, de los vientres que concibieron!
¡Ay, de los senos que amamantaron!"

Hui angustiado, lleno de horrores;
pero la turba conmigo huía,
y con sollozos desgarradores
su *ritornello* feroz seguía.

"¡Ay, de los seres que se quisieron
Y en mala hora nos engendraron!
¡Ay, de los vientres que concibieron!
¡Ay, de los senos que amamantaron!"

Y he aquí los astros — ¡chispas de fraguas
del viejo Cosmos! — que descendían
y, al apagarse sobre las aguas,
en hiel y absintio las convertían.

287

Y a los fantasmas su voz unieron
los *Siete Truenos*; estremecieron
el Infinito y así clamaron:
"*¡Ay, de los vientres que concibieron!*
¡Ay, de los senos que amamantaron!"

DESPUÉS

Amado Nervo

¿Tanta oblación heroica no ha de fructificar?
Señor, esta oleada roja, la has permitido...
¡Cuántos caen a diario! ¡Cuántos han sucumbido!
¡Su sangre ya no es lago, Señor: su sangre es mar!

Tan lento y silencioso martirio nos asombra.
Mientras ellos perecen, ellas, en un rincón,
trabajan, sufren, callan, esperan en la sombra...
¿Su enorme angustia, Cristo, no ha de tener sanción?

Aguardemos las flores más bellas para luego.
Después del torbellino, las rosas se abrirán.
El mundo, como un fénix, resurgirá del fuego,
y en muchas almas nuevos soles se encenderán

¡Quién pensará en la noche cuando despunte el día!
Con el sereno júbilo de una labor tenaz,
restañará su sangre la Humanidad bravía,
en el regazo inmenso de la divina Paz!

¡De nuevo hermanos todos los hombres, sentiremos
que el mundo es nido vasto, de maternal calor,
y en él con ideales lejanos soñaremos,
al misterioso arrullo de una canción de amor!

EL CRISTO FUTURO

Amado Nervo

¡Oh, mi Señor!, Tú callas, Tú ya no dices nada
sino en el hondo instinto del alma que te invoca;
pero los malos te hacen hablar, ¡ay!, y en su boca
tu voz se vuelve grito de guerra y son de espada.

Tu eterna mansedumbre se torna marejada
de horror; tu mano pródiga cual garra nos sofoca,
y surge, en vez del agua, la sangre de la roca
del mundo, y toda nube de rayos va preñada.

... Mas un día (¡benditos quienes lucir le vean!)
los hombres, que a su imagen y semejanza "crean"
a Dios, serán tan grandes, que abismarán al mito

crüel, obscuro, torvo, que gozaba matando,
¡y Tú en la mente humana te irás agigantando,
hasta llenar de músicas y luz en infinito!

LETANÍAS DE LA TIERRA MUERTA

Alfonsina Storni

Llegará un día en que la raza humana
Se habrá secado como planta vana,

Y el viejo sol en el espacio sea
Carbón inútil de apagada tea.

Llegará un día en que el enfriado mundo
Será un silencio lúgubre y profundo:

Una gran sombra rodeará la esfera
Donde no volverá la primavera;

La tierra muerta, como un ojo ciego,
Seguirá andando siempre sin sosiego,

Pero en la sombra, a tientas, solitaria,
Sin un canto, ni un ¡ay!, ni una plegaria.

Sola, con sus criaturas preferidas
En el seno cansadas y dormidas.

(Madre que marcha aún con el veneno
de los hijos ya muertos en el seno.)

Ni una ciudad de pie... Ruinas y escombros
Soportará sobre los muertos hombros.

Desde allí arriba, negra la montaña
La mirará con expresión huraña.

Acaso el mar no será más que un duro
Bloque de hielo, como todo oscuro.

Y así, angustiado en su dureza, a solas
Soñará con sus buques y sus olas,

Y pasará los años en acecho
De un solo barco que le surque el pecho.

Y allá, donde la tierra se le aduna,
Ensoñará la playa con la luna,

Y ya nada tendrá más que el deseo,
Pues la luna será otro mausoleo.

En vano querrá el bloque mover bocas
Para tragar los hombres, y las rocas

Oír sobre ellas el horrendo grito
Del náufrago clamando al infinito:

Ya nada quedará; de polo a polo
Lo habrá barrido todo un viento solo:

Voluptuosas moradas de latinos
Y míseros refugios de beduinos;

Oscuras cuevas de los esquimales
Y finas y lujosas catedrales;

Y negros, y amarillos y cobrizos,
Y blancos y malayos y mestizos

Se mirarán entonces bajo tierra
Pidiéndose perdón por tanta guerra.

De las manos tomados, la redonda
Tierra, circundarán en una ronda.

Y gemirán en coro de lamentos:
¡Oh cuántos vanos, torpes sufrimientos!

La tierra era un jardín lleno de rosas
Y lleno de ciudades primorosas;

Se recostaban sobre ríos unas,
Otras sobre los bosques y lagunas.

Entre ellas se tendían finos rieles,
Que eran a modo de esperanzas fieles,

Y florecía el campo, y todo era
Risueño y fresco como una pradera;

Y en vez de comprender, puñal en mano
Estábamos, hermano contra hermano;

Calumniábanse entre ellas las mujeres
Y poblaban el mundo mercaderes;

Íbamos todos contra el que era bueno
A cargarlo de lodo y de veneno...

Y ahora, blancos huesos, la redonda
Tierra rodeamos en hermana ronda.

Y de la humana, nuestra llamarada,
¡Sobre la tierra en pie no queda nada!

* * *

Pero quién sabe si una estatua muda
De pie no quede aún sola y desnuda.

Y así, surcando por las sombras, sea
El último refugio de la idea.

El último refugio de la forma
Que quiso definir de Dios la norma

Y que, aplastada por su sutileza,
Sin entenderla, dio con la belleza.

Y alguna dulce, cariñosa estrella,
Preguntará tal vez: ¿Quién es aquélla?

¿Quién es esa mujer que así se atreve,
Sola, en el mundo muerto que se mueve?

Y la amará por celestial instinto
Hasta que caiga al fin desde su plinto.

Y acaso un día, por piedad sin nombre
Hacia esta pobre tierra y hacia el hombre,

La luz de un sol que viaje pasajero
Vuelva a incendiarla en su fulgor primero,

Y le insinúe: –Oh fatigada esfera:
¡Sueña un momento con la primavera!

Absórbeme un instante: soy el alma
Universal que muda y no se calma...

¡Cómo se moverán bajo la tierra
Aquellos muertos que su seno encierra!

¡Cómo pujando hacia la luz divina
Querrán volar al que los ilumina!

Mas será en vano que los muertos ojos
Pretendan alcanzar los rayos rojos.

¡En vano! ¡En vano!... ¡Demasiado espesas
Serán las capas, ay, sobre sus huesas!...

Amontonados todos y vencidos,
Ya no podrán dejar los viejos nidos,

Y al llamado del astro pasajero,
Ningún hombre podrá gritar: ¡Yo quiero!...

AGENCIA

Rubén Darío

¿Qué hay de nuevo?...Tiembla la tierra.
En La Haya incuba la guerra.
Los reyes han terror profundo.
Huele a podrido en todo el mundo.
No hay aromas en Galaad.
Desembarcó el marqués de Sade
procedente de Seboim.
Cambia de curso el *gulf-stream*.
París se flagela a placer.
Un cometa va a aparecer.
Se cumplen ya las profecías
del viejo monje Malaquías.
En la iglesia el diablo se esconde.
Ha parido una monja (¿En dónde?...)
Barcelona ya no está *bona*
sino cuando la bomba *sona...*
China se corta la coleta.
Henry de Rothschild es poeta.
Madrid abomina la capa.
Ya no tiene eunucos el papa.
Se organizará por un *bill*
la prostitución infantil.
La fe blanca se desvirtúa
y todo negro "continua".
En alguna parte está listo
el palacio del Anticristo.
Se cambian comunicaciones
entre lesbianas y gitones.
Se anuncia que viene el Judío
Errante...¿Hay algo más, Dios mío?...

CANTO DE ESPERANZA

Rubén Darío

Un gran vuelo de cuervos mancha el azul celeste.
Un soplo milenario trae amagos de peste.
Se asesinan los hombres en el extremo Este.

¿Ha nacido el apocalíptico Anticristo?
Se han sabido presagios y prodigios se han visto
y parece inminente el retorno del Cristo.

La tierra está preñada de dolor tan profundo
que el soñador imperial, meditabundo,
sufre con las angustias del corazón del mundo.

Verdugos de ideales afligieron la tierra:
en un pozo de sombras la humanidad se encierra
con los rudos molosos del odio y de la guerra.

¡Oh, Señor Jesucristo! ¿Por qué tardas, qué esperas
para tender tu mano de la luz sobre las fieras
y hacer brillar al sol tus divinas banderas?

Surge de pronto y vierte la esencia de la vida
sobre tanta alma loca, triste o empedernida
que, amante de tinieblas, tu dulce aurora olvida.

Ven, Señor, para hacer la gloria de ti mismo.
Ven con temblor de estrellas y horror de cataclismo,
ven a traer amor y paz sobre el abismo.

Y tu caballo blanco, que miró el visionario,
pase. Y suene el divino clarín extraordinario.
Mi corazón será brasa de tu incensario.

ÍNDICE DE AUTORES Y POEMAS

El verso sutil que pasa o se posa (261) (*Cantos de vida y esperanza*, 1905)

En elogio del Ilmo. Sr Obispo de Córdoba Fray Mamerto Esquiú, O.M.(246) (*El canto errante*, 1907)

En las constelaciones (132) (1908)

Ite missa est (169) (*Prosas profanas*, 1896)

La Cartuja (90) (*Canto a la Argentina y otros poemas*, 1914)

La Dea (188) (*Prosas profanas*, 1896)

La espiga (117) (*Prosas profanas*, 1901)

La página blanca (67) (*Prosas profanas*, 1896)

La tortuga de oro (133) (1900)

Lírica (135) (*El canto errante*, 1907)

Lo fatal (70) (*Cantos de vida y esperanza*, 1905)

Los motivos del lobo (241) (*Canto a la Argentina y otros poemas*, 1914)

Metempsicosis (136) (*El canto errante*, 1907)

Nocturno (69) (*Cantos de vida y esperanza*, 1905)

Salutación a Leonardo (129) (*Cantos de vida y esperanza*, 1905)

Soneto Pascual (223) (1914)

Spes (272) (*Cantos de vida y esperanza*, 1905)

Sum (262) (*El canto errante*, 1907)

Torres de Dios!, poetas! (189) (*Cantos de vida y esperanza*, 1905)

Díaz, Leopoldo
Profesión de fe (187) (*Atlántida conquistada*, 1906)

Díaz Mirón, Salvador
El fantasma (277) (*Lascas*, 1901)
Peregrinos (215) (en *El Universal*, 1927)

Jaimes Freyre, Ricardo
Aeternum Vale (157) (*Castalia Bárbara*,1899)

González Martínez, Enrique
Alas... (93) (*Los senderos ocultos*, 1911)
Alma nueva (64) (*Parábolas y otros poemas*, 1918)
Auto de fe (250) (*Lirismos*, 1907)
Cuando sepas hallar una sonrisa (121) (*Los
        senderos ocultos*, 1911)
Dioses muertos (160) (*Silenter*, 1909)
Dolor, si por acaso... (65) (*Los senderos ocultos*, 1911)
El poema de los siete pecados (205) (*La palabra del
        viento*, 1921)
Me abrazaré a la vida (123) (*Los senderos ocultos*, 1911)
Silenter (186) (*Silenter*, 1909)
Te acuerdas de la tarde (120) (*Los senderos ocultos*, 1911)
Visión lunar (52) (*Silenter*, 1909)

Gutiérrez Nájera, Manuel
De mis "versos viejos" (41) (1885)
En la alta noche (271) (1889)
Madre naturaleza (114) (1889)
Para entonces (57) (1887)

Herrera y Reissig, Julio
Esplín (54) (*Las pascuas del tiempo*, 1913)
El alba (124) (*Los peregrinos de piedra*, 1910)
El cura (251)(*Los peregrinos de piedra*, 1910)
El jefe negro (252) (*El teatro de los humildes*, 1913)
El sueño (203) (*Las lunas de oro*, 1915)
La misa cándida (125) (*Los peregrinos de piedra*, 1910)
La novicia (201) (*Los peregrinos de piedra*, 1910)
La procesión (229) (*El teatro de los humildes*, 1913)
Liturgia erótica (172)(*El teatro de los humildes*, 1913)
Misa bárbara (202) (*El teatro de los humildes*, 1913)

Ibarbourou, Juana de
Amémonos (174) (*Las lenguas del diamante*, 1919)

El fuerte lazo (175)(*Las lenguas del diamante*, 1919)
Hastío (204) (*Las lenguas del diamante*, 1919)
La cisterna (48) (*Las lenguas del diamante*, 1919)
Monja noche (71)(*Las lenguas del diamante*, 1919)
Panteísmo (116) (*Las lenguas del diamante*, 1919)

López Velarde, Ramón
El son del corazón (140) (*El son del corazón*, 1932)
Treinta y tres (97) (*El son del corazón*, 1932)

Lugones, Leopoldo
Claridad triunfante (118) (*Las horas doradas*, 1922)
El hijo del Hombre (281) (*Las montañas del oro*, 1897)
La ofrenda de Herodes (221) (¿1896-1903?)
Metempsícosis (141) (*Las montañas del oro*, 1897)
Ofrenda (233) (¿1896-1903?)
Paradisiaca (173) (*Los crepúsculos del jardín*, 1905)
Semana Dolorosa (235) (1897)

Martí, José
Cruje la tierra... (285) (¿?)
Muerto (278) (1875)
Pomona (159) (*Versos libres*, 1882)
Sed de belleza (184) (*Versos libres*, 1882)
Señor, en vano intento... (259) (¿?)
Yo sacaré lo que en el pecho tengo... (72) (*Versos libres*, 1882)

Nervo, Amado
A Kempis (56) (*Místicas*, 1898)
Al Cristo (80) (*Místicas*, 1898)
A Rancé, reformador de la Trapa (94) (*Místicas*, 1898)
Apocalíptica (287) (*Místicas*, 1898)
Delicta carnis (95) (*Místicas*, 1898)
Después (289) (*El estanque de los lotos*, 1919)
El Cristo futuro (290) (*El estanque de los lotos*, 1919)

El libro *El cisne, la espiga y la cruz: poesía religiosa del Modernismo hispanoamericano* fue impreso sobre papel crema de 60 gramos. En su composición se emplearon tipos de la familia Book Antiqua. El cuidado de la edición estuvo a cargo del editor y **Libros Medio Siglo**.

www.ingramcontent.com/pod-product-compliance
Lightning Source LLC
Chambersburg PA
CBHW020847090426

42736CB00008B/266